Creative Labor Theory of Value

创造性劳动价值论

曾绪宜 著

中国经济出版社
CHINA ECONOMIC PUBLISHING HOUSE
北京

图书在版编目（CIP）数据

创造性劳动价值论 / 曾绪宜著 .--北京：中国经济出版社，2023.11

ISBN 978-7-5136-7482-9

Ⅰ. ①创… Ⅱ. ①曾… Ⅲ. ①劳动价值论 Ⅳ. ①F014.31

中国国家版本馆 CIP 数据核字（2023）第 183414 号

策划编辑 赵静宜
责任编辑 罗 茜
责任印制 马小宾
封面设计 久品轩

出版发行 中国经济出版社
印 刷 者 北京艾普海德印刷有限公司
经 销 者 各地新华书店
开　　本 710mm×1000mm 1/16
印　　张 13.5
字　　数 200 千字
版　　次 2023 年 11 月第 1 版
印　　次 2023 年 11 月第 1 次
定　　价 98.00 元
广告经营许可证 京西工商广字第 8179 号

中国经济出版社 **网址** www.economyph.com **社址** 北京市东城区安定门外大街 58 号 **邮编** 100011

本版图书如存在印装质量问题，请与本社销售中心联系调换（联系电话：010-57512564）

序 Preface

我为什么要重新整理、写作《创造性劳动价值论》

1994年春，我在重庆《探索》杂志上发表了我的第三篇学术论文《创造性劳动价值论》，[①] 该论文被中国人民大学复印报刊资料《理论经济学》分册1994年第4期全文转载。

《创造性劳动价值论》的核心观点是人类形成社会生产力与创造价值的劳动应该抽象为两类劳动：一般性劳动和创造性劳动。一般性劳动的内涵完全等同于马克思劳动价值论中的“人类抽象劳动”，它最本质的特征是其劳动的内容和形式已经在社会范围内充分地或普遍地展开，其劳动的效果直接与劳动时间有关，具有这种性质的劳动可以“求社会平均”，一般性劳动创造的价值可以引入“社会必要劳动时间”概念来进行评价；创造性劳动是一类特殊性质的劳动，其劳动的内容和形式尚未在社会范围内扩展开，且劳动的效果与劳动时间无直接关系，创造性劳动主体的劳动力不能作为“社会平均劳动力”存在。在现代社会中，两类不同性质的劳动共同创造

---

① 笔者在重庆《探索》杂志（1993年第2期）上发表的第一篇学术论文是《社会主义公有制的基本矛盾与创业股份制的设想》，该论文获当年四川省委宣传部、四川省科委、四川省社科联“好文章”评选二等奖。在重庆《探索》杂志上发表的第二篇学术论文是《所有制与生产力标准》。

价值并构成现代商品的价值实体。创造性劳动最本质的特征是“不能求社会平均”，马克思对这一领域的研究给我们留下了许多宝贵的提示，我的研究思路也是沿着马克思未展开的思路进行的。[1] 创造性劳动创造的价值具有可变性或不确定性，具有明显的“乘数效应”，即创造性劳动对产品价值的贡献与一般性劳动相比要大得多，具有“倍加”的作用与效果。当创造性劳动的内容与形式在社会上充分展开以后，其首先转化为复杂劳动，随着展开的普遍化，最终转化为简单劳动。

1995 年冬，我在重庆《探索》杂志（1995 年第 6 期）发表了另一篇学术论文《论创造性物化劳动的价值增值功能》，该论文被中国人民大学复印报刊资料《理论经济学》分册 1996 年第 4 期全文转载。

《论创造性物化劳动的价值增值功能》的核心观点是：一般性劳动与创造性劳动两类劳动共同创造商品价值的观点使我们可以将全部物化劳动也分成两类，即一般性物化劳动与创造性物化劳动。一般性物化劳动是一般性劳动的凝聚物，创造性物化劳动主要是创造性劳动的凝聚物。马克思劳动价值理论对作为劳动资料的物化劳动作了较为详尽的论述，并得出了“机器不创造价值”“只转移不大于自身价值的价值”“剩余价值来源于资本的可变部分”等重要论

① 马克思在《资本论》第一卷中提到，资本家采用新机器生产时，会把机器所有者使用的劳动变为高效率（即生产力特别高）的劳动，并把机器产品的社会价值提高到它的个别价值以上。此时，这种高效的劳动（实际上就是创造性总体劳动）创造的价值相当于它所代替的劳动力在同一时间内所创造的价值，但随着机器在同一生产部门内普遍应用，机器产品的社会价值就会降低到它的个别价值水平，于是下面这个规律就会发生作用：剩余价值不再是来源于资本家用机器所代替的劳动力，恰恰相反，是来源于资本家雇来使用机器的劳动力。马克思的上述论述，对笔者写作《创造性劳动价值论》是一个宝贵的启示。

断。[①] 从根本性质来讲，创造性劳动具有独创性、新颖性和开拓性，其劳动的内容与形式包括它的物化形式尚未在社会范围内扩展开，因而它的物化形式——创造性物化劳动也具有同样的特点，即具有新颖性、独创性、先进性。创造性物化劳动尚未转化为“社会平均生产条件”的组成部分，即尚未在社会范围内被普遍采用。创造性物化劳动具有一般性物化劳动（例如一般性的机器、设备等生产资料）所没有的特殊的使用价值——参与一般性劳动的生产过程的价值增值作用。创造性物化劳动（可以把它简单地理解为某种先进的技术生产设备）与一般性劳动相结合，可以形成高效化、独特化和具有新质的创造性总体劳动，这个具有新质的创造性总体劳动在直接生产过程中创造的总价值在一般情况下要远大于一般性劳动在相同的时间内创造的总价值。这个总价值要远大于一般性活劳动力的交换价值与创造性物化劳动的交换价值（这个交换价值的大小可以在技术市场上表现出来）的总和，形成的差额即是在这一特定的生产过程中创造的剩余价值。这个剩余价值既包括一般性活劳动力的贡献，也包括应用创造性物化劳动和凝聚在物化劳动中的创造性劳动本身的贡献。创造性物化劳动特殊的使用价值使一般性劳动高效化、独特化和具有新质，使其与社会上普遍存在的一般性劳动区别开来，转化为一种具有创造性的新型劳动。“转化”一般性劳动是创造性物化劳动最本质的功能。“转化”后的新型劳动类似马克思劳动价值论中的生产力特别高的劳动，这种生产力特别高的劳动起自乘的劳动作用，或者说，在同样的时间内，它所创造的价值比同种社

① 马克思．资本论（第一卷）［M］．北京：人民出版社，1975.

会平均劳动要多,[1] 即能够创造出超出社会平均劳动的更大价值。当创造性物化劳动的应用范围在社会普遍扩展开来以后，创造性物化劳动的新颖性、独创性、先进性将逐步丧失，其价值的增值作用也将逐步丧失，其将转化为一般性物化劳动和“社会平均生产条件”的组成部分，并且“社会必要劳动时间”的计算将把这种物化劳动的社会普遍采用作为前提条件和计算的起点或“平台”。这意味着，一般性物化劳动不再具备价值增值作用、功能，几乎像自然力一样为生产提供无偿服务，这是社会生产力和科技发展到一定阶段的结果，也是资本相互“竞争”的结果。

1997 年，我在重庆《探索》杂志上发表的学术论文《对劳动价值理论的学术争论应持严肃、科学和求实的态度——答余陶生同志的商榷意见》中将《论创造性物化劳动的价值增值功能》的核心观点进一步简化为：“简单劳动加上（或应用）一个创造性物化劳动相当于一种类似于‘生产力特别高’的新型（总体）劳动。”用公式表示为：简单劳动+创造性物化劳动=类似于“生产力特别高”的新型劳动。为了论述这个理论，我还举了两个例子，其中的实例二是：

1997 年 5 月在世界上引起轰动的“深蓝”超级电子计算机系统与世界国际象棋冠军卡斯帕罗夫进行了“人机大战”，一共下了 6 局棋，结果“深蓝”以总分 3.5∶2.5 获胜。卡斯帕罗夫显然是一个智商特别高的脑力劳动者，他的劳动可以与创造性劳动相比拟（事实上，他比赛时走的每一步棋都是极富创造性的），而对阵方则是一个普通的计算机操作人员加上“深蓝”超级计算机系统（创造性物化

① 马克思．资本论（第一卷）[M]．北京：人民出版社，1975.

劳动组合)。无论胜负如何，一个普通的操作人员的一般性劳动加上一台超级计算机就与一位杰出的创造性劳动主体的创造性劳动大致相同，这一点已经被事实证明了。也许有人会说下棋不是生产劳动，因而说明不了什么问题。但能够用于下棋比赛的超级计算机系统也一定能够用于生产过程。现在再来看一下“深蓝”所物化的大量的创造性劳动究竟是怎么回事。据报道，“深蓝”超级计算机有32个节点在同时工作，使它成为具有超级计算能力的机器。有五位科学家在纽约托马森·沃森研究中心对“深蓝”进行改进，他们辛勤工作了15个月，使它成为会下棋的机器。这五位中有两位科学家从20世纪80年代“深蓝”诞生以来就一直对它进行跟踪研究。所以从表面上看，与卡斯帕罗夫对阵的是一个普通的操作人员和一台超级计算机，但实质上，与卡斯帕罗夫对阵的是站在“深蓝”背后的科学家、程序设计工程师长期积累的、大量的创造性劳动。创造性劳动通过超级计算机（创造性物化劳动组合）的卓越性能体现出来，这台超级计算机作为一个典型的创造性物化劳动把一个普通的、可能根本不会下棋的操作人员的“劳动”转化为可以战胜世界冠军的高超棋艺（另一种高级劳动)，这是创造性物化劳动“转化”为一般性劳动的一个明显例证。

2002年，我在《重庆涪陵师范学院学报》上发表了《创造性劳动价值论》系列论文的第四篇《对〈创造性劳动价值论〉的再思考》，也是最后一篇，重点研究了创造性劳动产品（或成果）的价值实现问题。

《对〈创造性劳动价值论〉的再思考》的核心观点是：所谓现代产品的价值实现问题，是指两类劳动共同创造的总价值、总剩余价值究竟能够“转化”为多少现实价值（财富的尺度）、剩余价值（新增财富的社会尺度）的问题。以创造性劳动为核心的创造性总体劳动创造的价值、剩余价值是在市场竞争中实现的，其究竟能够实现多少价值量、剩余价值量，在一般情况下是与企业家的努力（本身也可能是一种创造性劳动）和资本、一般性劳动、土地（包括其他自然资源）等生产要素的投入成正比，或者说，能够实现的价值、剩余价值总量与在实现过程中能够动员和投入的生产要素量成正比。由于创造性总体劳动创造价值的不确定性、可变性，因而不能按照创造价值的劳动的特点来进行分配，而应该按照创造的价值实现多少、能够“转化”为多少现实的社会财富、对实现过程贡献的大小的原则进行分配。由于各生产要素对创造性总体劳动所创造的总价值、总剩余价值的实现都作出了一定程度的贡献，因此应得到相应的报酬。

在上述四篇关于创造性劳动价值的系列论文发表以后，我对创造性劳动价值的思考和研究就暂时告一段落。第一篇论文《创造性劳动价值论》获得四川省第七次哲学和社会科学优秀成果三等奖。2010年《时代经贸》杂志总第181期发表了庄三红同志的学术论文《对社会主义劳动的几组新概念的界定》，文中提到，最早对创新劳动问题进行专门研究的论文是曾绪宜于1994年1月发表的《创造性劳动价值论》。他在这篇文章中提出把“劳动”分为一般性劳动和创造性劳动，提出和论证了“所谓一般性劳动，是指劳动的内容和形式已经在社会的一定范围内充分扩展了的那种性质的劳动”；“所谓创造性劳动，是指人类创造新事物、新方法、新理论和不断开辟它的应用范围的活动”的观点。2019年段冬梅同志在《江苏教育研究》杂志第16期发表了题为《儿童创造性劳动的教育价值及实践策略》的学术论文。论文中的第一节“创造性劳动概念”引用了《创造性劳动价值论》中关于创造性劳动的定义及其4个重要特点的论述，共约350字。20多年后还有人提及和引用我的论文，说明它是有意义的。

《创造性劳动价值论》从本质上讲，还是对市场主体的微观经济活动的研究，是现代市场经济的“经济增长理论”的微观基础，也是“竞争理论”的微观基础。如果要探讨宏观经济问题，比如要研究资本主义社会的运行规律、失业问题、经济危机问题等，还是要回到马克思的科学劳动价值论这个基础构架上来。这也说明《创造性劳动价值论》等系列论文本身存在局限性。此外，就系列论文而言，其对创造性劳动产品的价值量的计量问题的解决还存在不足，其是沿着配第解决艺术品（画）的定价问题的思路[①]以及参考西方经济学的“均衡价格理论”来解决的。

2006年，我对商品的社会价值（在《创造性劳动价值论》等系列论文中我将其定义为“社会认同值”，以区别于由“社会必要劳动时间”所规定的价值概念）有了新的认识，并且对价值规律的认识取得了新的突破，完成了一篇学术论文《对价值规律的新阐释》。2010年，我在《对价值规律的新阐释》一文的基础上，对马克思的“第二含义的社会必要劳动时间决定商品价值”的认识取得了新的突破，发现了破解“价值转形”的钥匙，完成了《马克思的“第二含义社会必要劳动时间”概念与破解“价值转形问题”的新思路》的

① 配第．配第经济著作选集［M］．陈冬野，马清槐，周锦如，译．北京：商务印书馆，2014.

学术论文。2011 年初，我在研究马克思《资本论》第三卷的第 11 章、第 12 章时发现，马克思事实上已经提出了“分配关系的变动可以影响部门的资本有机构成”的新理论。在“新理论”的启迪下，我用了两年多的时间完成了 120 多万字的著作《马克思价值转形理论与劳动价值论的深层研究——政治经济学中的重大疑难问题的探索与解决》(上、下卷)①。书中破解了恩格斯关于用“社会的方式”计量商品的价值量的方法之谜，从而使异质性劳动产品的价值计量问题得到解决。这样，创造性劳动产品的价值计量的难题也获得了解决。将这一成果补充到《创造性劳动价值论》中，从而完善这一理论，就是我重新整理、写作《创造性劳动价值论》的主要动机。

此外，2016 年 3 月，发生了一件震惊世界的大事：人工智能程序的代表“阿尔法围棋”连续 3 局战胜了人类代表围棋世界冠军李世石，而对计算机而言，围棋曾经被视为最难精通的游戏之一。“普通劳动+创造性物化劳动=具有新质的创造性总体劳动”再次被实验所证实。

2021 年 5 月 4 日又发生了一件了不起的大事：在中国电信、北大人民医院、福建省援藏工作队、昌都市卫健委的共同努力下，国内首例大骨节病 5G 远程手术在西藏昌都成功实施。“创造性劳动+大量的创造性物化劳动+一般性劳动=创造性总体劳动”再次被验证。

上述事件的发生使我更加坚信《创造性劳动价值论》所揭示的理论的正确性是经得起实践检验的。

---

① 《对价值规律的新阐释》《马克思的“第二含义社会必要劳动时间”概念与破解“价值转形问题”的新思路》两篇论文未发表，它们是《马克思价值转形理论与劳动价值论的深层研究——政治经济学中的重大疑难问题的探索与解决》的重要章节。

目录
Contents

第一章

一般性劳动和创造性劳动

现代社会生产力表现为人创造物质和精神财富的劳动能力的总和。人的创造性劳动能力是人的全部劳动能力中最具活力、最有生气的组成部分，也是现代社会生产力中最活跃的因素，对现代社会生产力起着“领航”作用。现代社会的政治经济制度的活力、竞争力，经济运行模式与生产资料所有制实现形式的先进性和适用性，归根结底，取决于人的创造性劳动能力的解放程度。解放生产力，首要的就是解放人的创造性劳动能力，调动人进行创造性劳动的积极性；发展生产力，首要的就是发展人的创造性劳动能力并为人进行创造性劳动创造和积累物质前提。人的创造性劳动能够创造价值，而且随着社会的进步和科学技术的发展，现代社会中的全部劳动产品的总价值中创造性劳动对价值贡献的比重越来越大。

创造性劳动深刻地改变着现代社会，也改变着人类自身，它促使劳动者的个人劳动能力充分发展，这种“个人的充分发展又作为最大的生产力反作用于劳动生产力”①。可以说，现代社会，就是人的创造性劳动在全部社会生产力中发挥主导作用的社会。现代产品是一定包含着足够多的创造性劳动价值的产品。因此，探索创造性劳动是如何创造现代产品（包括商品和公共品如基础设施等）价值的，创造性劳动创造价

① 中共中央马克思恩格斯列宁斯大林著作编译局. 马克思恩格斯全集（第四十六卷下）[M]. 北京：人民出版社，1979：225.

值的特点、规律以及对现代社会的影响，无疑有着十分重要的理论意义和现实意义。

一、劳动在政治经济学中的分类

劳动可以最简单、最直观地分为两类：体力劳动和智力劳动（脑力劳动）。这是一种生理学的划分。其实，现代社会的任何具体劳动都是人的体力和脑力的同时付出，“都是人的脑、肌肉、神经、手等的生产耗费”。① 体力劳动主要是人的体力的耗费，智力劳动或脑力劳动主要是人的大脑活动的耗费。

劳动在传统政治经济学中仍然划分为两类：具体劳动和抽象人类劳动。“一切劳动，从一方面看，是人类劳动力在生理学意义上的耗费；作为相同的或抽象的人类劳动，它形成商品的价值。一切劳动，从另一方面看，是人类劳动力在特殊的有一定目的形式上的耗费；作为具体的有用劳动，它生产使用价值。”②

传统政治经济学对劳动概念的分类是一种抽象度过高、过于简化的划分方法，尽管这对于传统政治经济学要达到的理论目的——揭示资本主义生产关系的本质和从宏观上考察资本主义经济的基本规律是正确的、必要的。所谓抽象度过高，是指把许多具有共同性质的事物直接分解为基本元素，而忽略了其中间层次、中介组织。高度抽象的理论方法适宜揭示事物的本质，但用于解释纷繁复杂的事物和现象时，会显得过于简化。在政治经济学中，高度抽象的理论方法适合对宏观经济进行研究，其在讨论微观经济问题（比如价格现象）时不够细致。

劳动概念在政治经济学意义上的新的分类方法更具有特殊的和重要

①② 马克思．资本论（第一卷）［M］．北京：人民出版社，1975.

的现实意义。可以说，这是理解现代市场经济社会特点和规律的枢纽。劳动概念新的分类方法把人类形成社会生产力的劳动抽象为两类：一般性劳动和创造性劳动，而不仅仅归结为一种“人类抽象劳动”。传统劳动价值论把千千万万个在不同的具体形式上耗费的、具有个别色彩的劳动直接抽象成一种同质的“人类抽象劳动”，其抽象程度最高。“抽象程度越高，要描述的事物就越单纯，离客观真实也就越远。”我们将抽象程度降低一些，增加了一个中间层次：一般性劳动与创造性劳动，这两类不同性质的劳动共同构成或凝聚成现代商品的价值实体。这种抽象方法与传统的、高度的抽象理论方法一样是科学的。当然这种抽象程度较低一点的抽象方法是否正确，还要看它推出的结论是否符合现实，是否更能够解释现代社会的一些经济现象。①

二、一般性劳动的概念、性质和特点

一般性劳动是指劳动的内容和形式已经在一定社会范围内充分扩展开来的劳动。一般性劳动具有以下四个特点：

一是一般性劳动（在创造现代商品价值方面）的最终效果虽然与进行劳动的生产条件、劳动的熟练程度有一定的关系，但经过适当的简化和折算或“平均化”以后，可以归结为只与劳动过程进行的时间直接相关，因而对劳动效果的社会评价（即对劳动创造的价值大小的估

① 现实世界中存在着数不清的建筑物，如果我们从中直接抽象出“房子”这个概念，它也具有一些基本特征，如拥有一定的空间和面积、可以住人、堆放东西。这就是一个抽象度很高的抽象方法。如果降低一点抽象度，可以把具体的建筑物划分成两类：一类是有特色、有风格的建筑物（房子），另一类是一般性建筑物（房子）。后一类的基本特征是拥有一定的空间和面积，可以住人和堆放东西，与最高层次的抽象概念“房子”的内涵基本相同。前一类建筑物的特征是有独特的风格。特色建筑物（房子）比一般性建筑物（房子）的抽象度低一些。又如在物理学中，把千千万万个具体存在的物体抽象成一个有一定质量的几何点→“质点”的抽象度最高，其中间层次可以有“刚体”和“流体”等。

价，在现实社会中是由商品交换和市场来决定的）在理论上是可以引入“平均必要劳动时间”或“社会必要劳动时间”概念来进行的。[①]

“社会必要劳动时间是指在现有的社会正常生产条件下，在社会平均的劳动熟练程度和劳动强度下制造某种使用价值所需要的劳动时间。”[②] 一般性劳动的单个劳动力，具有“社会平均劳动力”的性质，或者说，起着“社会平均劳动力”的作用。一般性劳动力可以是体力劳动，也可以是智力劳动或脑力劳动；可以是简单劳动，也可以是复杂劳动。只要这些智力劳动、复杂劳动可以化简为多倍的简单劳动从而起着“社会平均劳动力”的类似作用即可。“比较复杂的劳动只是自乘的或多少倍的简单劳动。”“少量的复杂劳动等于多量的简单劳动。”“各种劳动化为当作它们的计量单位的简单劳动的不同比例，是在生产者背后由社会过程决定的，因而在他们看来，似乎是由习惯确定的。”[③] 这里的“由社会过程决定的”“由习惯确定的”恰恰说明了这种劳动的内容和形式已经在社会范围内充分扩展开来了，因而才可以进行平均和折算。因此，一般性劳动就是劳动的最终效果，可以直接或者间接地求社会平均，或者说可以与社会平均必要劳动时间相比较而得到社会评价，同时其内容和形式已经在一定的社会范围内充分扩展了。劳动的效果直接与（生产商品所耗费的）劳动时间的长短相关，可以参与求

① 商品的价值只与生产商品所耗费的劳动时间的长短有关系，意味着产品量（市场供给量）必须达到一定的“丰裕程度”（即满足社会对该种商品的正常需求量），此时（按李嘉图的说法）“只要我们投入一定的劳动量（假定复杂劳动可以化简为多倍的简单劳动量），社会所需要的商品就可以不受限制地生产出来”。

② 马克思．资本论（第一卷）[M]．人民出版社，1975：52. 在1873年由马克思亲自校阅、修订的《资本论》第一卷法文版中，对社会必要劳动时间概念作了重要修改：一是将“现有的”修改为“一定（的）”，二是将“制造某种使用价值的时间”修改为“生产商品所需（要）的时间”。由于使用价值与价值一样都是较为抽象的概念，而商品是一个实在的物品，又是使用价值与价值的统一体，是马克思研究的真正出发点，因此使用“商品”更为确切。

③ 马克思．资本论（第一卷）[M]．北京：人民出版社，1975：58.

社会平均是一般性劳动最重要的本质特征。

二是一般性劳动还具有相对性的特点。种植杂交水稻的劳动其内容和形式在我国已经普及开来，因此属于一般性劳动的范畴。但在还没有推广这项种植技术的地区，种植杂交水稻的劳动就不是一般性劳动，而是属于（类似）创造性劳动的范畴。如果一个机器的制造技术在专利保护的有效期内，并且制造机器的劳动的内容和形式在社会范围内尚未普及开来时，制造机器的劳动就不是一般性劳动而是创造性劳动。只有当专利保护期过期，其劳动的内容与形式在社会范围内普及开来，其发明专利在社会范围内推广、普及以后，应用专利设计、制造机器的创造性劳动就转化为复杂劳动乃至简单劳动（即一般性劳动）。

三是一般性劳动包括的范围相当广泛而且种类繁多，至今仍然是人类社会存在和发展的基础。例如，普通工人的生产劳动、普通农民的生产劳动、商业性劳动、教师的教学劳动，从事定型设计的建筑工程师、机械工程师、工艺设计人员、电子计算机程序设计人员、一般性企业管理人员等不同种类的职业的劳动根据其在社会的扩展程度，可以归结为一般性劳动。①

四是属于一般性劳动的相同种类的每一具体劳动主体均具有可换位性。电气工人、工程师、纺织工人、炼钢工人、高等学校的物理教师等，他们的劳动是可以被其他从事相同职业的劳动者所替换的，当然，这需要经过或长或短的培训、学习，而被替换后的劳动效果也大体一样。这正是一般性劳动存在劳动力商品市场的原因。

从一般性劳动的几个特点可以看出，一般性劳动概念的内涵可以说

① 传统政治经济学作出的劳动的同质性假设适用于对资本主义生产关系本质的揭示以及对宏观经济理论模型的研究，但创造性劳动对现代社会生产力发展所起的巨大促进和引领作用也不能忽视。

与传统政治经济学的“人类抽象劳动”的概念相重合，也就是说，对一般性劳动及其价值理论，传统政治经济学或传统的劳动价值理论实际上已经作了较为透彻的研究。它论证了“一般性劳动的两重性”，提出了“价值实体”“社会必要劳动时间”“价值形式”“价值决定”“价值规律”“劳动力商品”“剩余劳动”“剩余价值”等概念，并在此基础上建立起体系较为完整的“剩余价值理论”，揭示了资本主义生产关系的剥削本质。

三、创造性劳动的概念、性质和特点

创造性劳动是指人类创造新事物、新方法、新理论和不断开辟它的应用范围的活动；也指人类进行新发现、新发明，创造新技术、新工艺，开发新产品和新的市场的活动；还指人类不断开拓新的活动领域，不断打破常规，不断捕捉新的机遇，开创新的事业的创新和创造活动。创造性劳动可以是个人的活动，也可以是一定的劳动群体对某个体的创造性思维成果、见解和主意取得共识后有组织的共同劳动。创造性劳动从根本性质上来讲，由于其独创性、新颖性、开拓性，其劳动的内容和形式尚未在社会范围内扩展。它具有以下几个重要特点：

一是创造性劳动（在创造现代商品价值方面）的最终效果与劳动过程进行的时间长短无直接关系。创造性劳动需要花费时间，但创造性劳动的成果却与劳动时间无直接关系：可能在很短的劳动时间内取得重大突破，获得巨大的成功；也可能经过长时间的探索，花费了巨大的人力、物力（资本）却一事无成。因此，对创造性劳动及其成果（价值）在理论上无法引入“平均必要劳动”或“社会必要劳动时间”的概念来进行评价。创造性劳动同样需要“耗费人的一定量的肌肉、神经、脑等”，但创造性劳动主体却不能作为“社会平均劳动力”存在。创造性劳动创造的价值及其交换规律与一般性劳动创造的价值及其交换规律不完全一样，它满足新的规律。不能求社会平均，这是创造性劳动最本质的特征。因为这种独创的、新颖的劳动无论其内容还是形式都未在社会范围内扩展开。

二是创造性劳动还具有相对性的特点。在一些领域或地方创造性劳动的内容与形式已经充分扩展开来，这些领域或地方的创造性劳动就转化为一般性劳动。而在另一些领域或地方，创造性劳动的内容与形式尚未扩展和普及开来，它就仍然保持着创造性劳动的性质和特点。

三是创造性劳动的范围仍然相当广泛。它或者以独立的形态存在，或者与一般性劳动相结合（这是其主要的存在方式），或者一般性劳动中孕育着新的创造性劳动。在当今一切人类活动中，都可以看到创造性劳动在发挥作用，而且哪个领域的发展和进步速度越快，哪个领域内创造性劳动的贡献就越明显。创造性劳动对社会进步贡献最大的领域是“生产—流通”领域。在“生产—流通”领域，有具有创业精神的企业家，有创新和创造能力强的科技力量，还有高素质的职工队伍，他们共同组成了一个最适合进行创新与创造活动并将创造性劳动成果实用化、社会化的群体。他们不断创造出新的产品，改进和提高原有产品的品质，不断开辟新的市场，给社会增添新的财富。创造性劳动带有独立的行业和职业特点，且集中在科研单位、院校中从事科研的机构、创业园区、高科技企业，以及从事咨询、软科学研究的公司等，他们的新发现、新发明和科技成果、智力成果是创造性劳动的结晶。

四是从事创造性劳动的单一劳动主体很难具有可换位性。这是一个明显的事实。一个富有创造性思维的杰出人才、一个发明家、一个富有创造性的建筑设计师、一个优秀的企业家，他们的独创性劳动都是独特的，因而是难以替换的。①

综上所述，创造性劳动与一般性劳动的性质和特点有着较大的差别。创造性劳动是一种异质性劳动，其最本质的特征是不能求社会平均，因而是传统政治经济学尚未展开研究的领域。在现代社会中创造性劳动的影响和作用已经越来越大。因此，如果将理论的出发点放在“存在两类不同性质劳动”的基础上，我们就能建立起一种在传统理论的基础上发展和更新的劳动价值理论——创造性劳动价值论。这是一种更能够说明现代市场经济社会特点和规律的新的价值理论。

① 劳动主体的可换位性也是判断劳动主体是一般性劳动主体还是创造性劳动主体的标准。比如，如果劳动主体（如操作工人、制图工程师）的岗位是可以替换的，那么他们所从事的劳动就是一般性劳动；如果一个优秀企业家的岗位是不可替换的或替换后企业的经营效果直线下降，那么，就可以判断这个优秀的企业家是创造性劳动主体。

第二章

创造性劳动与劳动分工的起源

一、劳动分工的作用

现代市场经济社会的生产方式[①]表现为协作、企业内部分工与社会分工、使用机器特别是使用创造性物化劳动（先进的技术生产设备）进行大规模的商品生产的生产方式。这样的生产方式如果与以生产资料私有制占统治地位的社会制度或生产关系相结合，就构成资本主义的生产方式；如果与以生产资料公有制为主体的社会制度或生产关系相结合，就构成社会主义市场经济的生产方式（简称社会主义市场经济模式）。

古典政治经济学的奠基人斯密高度重视分工的作用。他在劳动价值论的基础之上提出了两个关于分工的重要经济学原理。

斯密提出的第一个重要的经济学原理是：劳动分工是推动劳动生产力与社会经济发展的最基本的动力。

斯密在《国富论》（上）第一章的开篇中指出："劳动生产力最大的改进，以及劳动在任何地方运作或应用中所体现的技能、熟练和判断的大部分，似乎都是劳动分工的结果。"[②]

古典政治经济学的开创者配第也非常重视劳动分工的作用。配第指

① 生产方式是指生产力的实现形式。

② 斯密．国富论（上）[M]．杨敬年，译．西安：陕西人民出版社，2001：3.

出，按照劳动分工“生产出来的钟表要比一个人完成全部工序所生产的钟表便宜，并且质量更好”。他还指出，分工使某些工场手工业集中在城市里，“这些地方所生产的个别商品，比其他任何地方生产的都更好、更便宜”。这说明配第已经看到了劳动分工通过对生产商品所必需的劳动时间的缩短从而对商品的交换价值产生影响。斯密的独到之处在于他把分工放在首位，并且把分工看作提高劳动生产力的手段，而且他首次使用了“提高劳动生产力”这一术语。

斯密提出的第二个重要的经济学原理是：劳动分工的范围必然要受到市场范围的限制。

斯密在《国富论》（上）第三章中指出：“交换能力引起劳动分工，而分工的范围必然总是受到交换能力的限制，换言之，即受到市场范围的限制。当市场很小时，没有人能得到任何鼓励，去专门从事一种职业，这是因为，他没有能力去把他自己劳动产品的远远超过自己消费的剩余部分，去交换他所需要的其他人劳动的剩余部分产品。”①

应该注意的是第二个重要的经济学原理并不仅仅是一个消极的规定或限制性因素，它还意味着更大规模的市场以及由此产生的更大规模的生产必将（反过来）极大地促进劳动分工的完善与科学技术成果的应用。

斯密的劳动分工理论也是有缺陷的，主要表现在：

一是没有严格区分开两类不同性质的分工。一种是以产品作为商品的存在和商品交换的存在为前提的“社会分工”，也称为“第一类分工”；另一种是“发生在一个特殊的使用价值当作特殊的、独立的商品进入市场或进入流通之前的生产中”的分工，是“企业（或共同体）

---

① 斯密．国富论（上）[M]．杨敬年，译．西安：陕西人民出版社，2001：17.

内部的分工”，也称为“第二类分工”。第二类分工在产品还没有被当作商品来生产、生产还不是以商品交换为基础的情况下也能发生。在第一类分工的情形下，各种不同的劳动通过商品交换互相补充。在第二类分工的情形下，各种特殊劳动直接在资本的指挥下协作生产同一使用价值，无须通过商品交换。在第一类分工中，生产者作为独立的商品所有者和特殊劳动部门的代表互相对立。在第二类分工中，他们表现为不独立的工人，因为他们只有通过协作才能生产出一个完整的商品，即一般商品。这两种分工是不相同的，虽然互相补充但从某种意义上来说也是互相对立的。分工可以导致进一步的分工，这两种分工也可以相互作用、相互促进从而并行不悖地一起向前发展。

二是斯密没有认识到他所说的劳动分工，特别是“工厂内部的分工”，仅仅是一种“特殊的、别具一格的、标志着资本主义生产方式的特征的分工，或者说，是一种特殊的资本主义生产方式”。

三是斯密把劳动分工产生的原因归结为人性中进行交换的倾向，“是人性中某种倾向的结果”“是一种互通有无、进行物物交换、彼此交易的倾向”。

二、劳动分工的原因

从上一节的论述中可以看出，斯密高度重视劳动分工的作用，提出了“第一个重要的经济学原理”，揭示了劳动分工是提高劳动生产力和促进经济发展的原因和最基本的动力。研究发现，斯密其实已经相当接近引起劳动分工的真正原因了。他在《国富论》第二章中指出：“在一个以狩猎或游牧为生的部落中。例如，某一个人能比任何其他的人更加迅捷，更加熟练地制造弓箭。他常常用弓箭来和他的同伴交换牲畜和鹿肉；他最终发现，他这样得到的牲畜和鹿肉，比他自己到野地里去捕捉到的要多。因此，出于利益的考虑，他就把制造弓箭变成了主要职业，他成了一种制造武器的人。另一个人擅长制造他们的小茅屋或移动房屋的框架和屋顶。他习惯用这种方式来为他的邻居们服务。邻居们也按照同样的方式，用牲畜和鹿肉作为报酬，最终他发现，完全从事这种职业，即成为造房木匠，是符合自己利益的。依同样的方式，第三个人变成了铁匠或铜匠；第四个人变成了毛皮或皮革的硝皮人或鞣革人，毛皮或皮革是野蛮人衣着的主要组成部分。这样，由于肯定能把自己的产品的所有剩余部分（这是他自己消费不了的）去交换自己所需要的他人劳动产品的剩余部分，这就鼓励了每一个人去从事一种专门的职业，并培养和完善他所具有的从事这一职业的才能或天资。”①

斯密的这段论述已经初步说明了引起劳动分工（即专业化生产）的原因，但他却认为，这是由人的交换倾向（是一种心理活动）和人的“自利之心”（“考虑他自己的利益”或对“符合自己的利益”的判断）引起的。实际上，劳动分工之所以发生，首先是因为在劳动者群体中出现了一些优秀的、生产力特别高的创造性劳动主体，比如斯密论述中的“能比任何其他的人更加迅捷、更加熟练地制造弓箭”的能人等。这些创造性劳动主体（优秀的劳动者），在相同的劳动时间内，制造的弓箭质量更好、数量更多。他的同伴也非常乐意用牲畜和鹿肉去交换弓箭。由于这些弓箭质量优良，在他的同伴眼中其“价值”比一般劳动者所制造的弓箭更高，所以不仅在狩猎活动中使用它，而且还乐于用这些弓箭来作为（社会）抵押品交换其他所需要的物品，因此这些弓箭的用途就更多了，或者说，弓箭具有了新的使用价值（即可用于“交

① 斯密．国富论（上）[M]．杨敬年，译．西安：陕西人民出版社，2001：15.

换”或作为交换手段使用)。这就扩大了弓箭的“销路”，这个优秀的弓箭制造手就可以将他的劳动时间都用于制造弓箭从而转变为一个专门制造弓箭的人。同样的情形也会发生在优秀的铁匠或铜匠身上。其次是因为当交换扩大到一定的程度以后，这些优秀的劳动者就可以将他们的劳动时间都用于生产优质物品，这些创造性劳动主体就会转化为专业劳动者，新的劳动分工（即新的职业）就出现了。其他生产者对优质产品的有效需求（促进了交换的）可以促使劳动分工更快地出现，但没有创造性劳动主体和他的劳动成果的出现，形成新的劳动分工也是不可能的。光有交换存在（比如劳动者之间进行偶然的剩余产品的交换），而没有创造性劳动主体和他的劳动成果的出现，要形成专业化生产的劳动分工也是不可能的。

推动现代市场经济社会生产力与社会经济发展的最基本动力是劳动分工，而引起劳动分工的根本原因在于创造性劳动主体（作为群体或个人）的出现以及他们所创造或生产的创造性劳动成果。而社会对创造性劳动产品的有效需求以及交换（而不是赠予、掠夺）加快了劳动分工的形成和范围的扩展，反过来又促进新的创造性劳动主体的出现以及新的创造性劳动成果的产生。由此可以看出，人的创造性劳动对社会生产力和社会经济发展具有推动和引领作用。

第三章

现代商品的内涵和价值

一、现代商品的概念和基本特征

现代市场经济社会表现为庞大的物质财富和精神财富的堆积。这些物质财富和精神财富在多数情况下以现代商品的形式出现在商品市场上。现代商品是指一定包含着足够多的创造性劳动的商品。现代商品是构成现代市场经济社会财富的最具代表性的基本元素。

现代商品的第一个基本特征是种类繁多。现代商品包括众多的生活资料商品（必需品）。超市里出售的大米不仅凝聚着袁隆平教授与他的团队历经多年的创造性劳动，也凝聚着成千上万、遍布中国各地的科技人员的创造性劳动，还凝聚着使用现代化加工设备进行生产、包装、运输的劳动。它已经不再是数十年前由农户生产的普通大米而是现代商品了。现代商品包括大量与人民生活密切相关的高科技产品，如大型喷气式客机、高速列车等，无一不包含着发明者、使发明变为现实的接力创新者、设计者、建造者以及驾驶者、运行维护者的超大量的创造性劳动（还包括大量的一般性劳动）的投入。还有我们使用的移动手机、多功能洗衣机、冰箱等，这些商品中凝聚着超大量的创造性劳动。现代商品还包括现代劳动资料商品，如自动收割机、超级电子计算机、数控机床、自动生产线、工业机器人等。

现代商品的第二个基本特征是产品的社会性。它们是由众多的部门、行业（或企业）通过协作分工与无意识或有意识的合作制造出来的，其涉及的创造性劳动与一般性劳动数量之多，超出了人们的想象。美国学者里德讲述了一个故事——《铅笔的故事》。他说，一支最普通的带橡皮帽和金属圈的铅笔，涉及众多的行业或企业及劳动者，如油田工人、化学工程师、石墨开采工人、制造工人、操作工人等，有近百万人参与了铅笔的生产过程。[①]

现代商品的第三个基本特征是相当数量的现代商品的使用价值除了能满足人的基本物质需求外，还能够满足人的高层次需求。所谓高层次需求，是指人的精神、文化等方面的需求。例如，追求新事物、新鲜感、时髦感、完美感、名誉感以及创造欲、探索欲、表现“自我价值”的欲望等。这些能满足高层次需求的现代商品大多数是以“名牌”商品的形式出现在市场上的。它们除满足人的某种实际的需求以外，更多的是满足人的某种精神方面的需求。[②]

现代商品的第四个基本特征是相对性。如果现代商品中所凝聚的创造性劳动的内容与形式已经在社会上广泛地扩展开来，这些现代商品就转化为一般性商品。如果某种创造性劳动的内容与形式已经在某些地区扩展开来，相应的现代商品已经转化为一般性商品了，但在其他未扩展开来的地区，这些一般性商品仍然是现代商品。

二、现代商品的使用价值与交换价值

与一般性商品的性质一样，现代商品也具有使用价值与交换价值。现代商品是使用价值和交换价值的矛盾统一体。

---

① 罗卫东．经济学基础文献选读［M］．杭州：浙江大学出版社，2007：100.

② 名牌服装（现代商品）的“保暖”性能与普通的服装（一般性商品）相差不大，穿它主要是为了满足精神层次的需求。

所谓现代商品的使用价值，是指现代商品能够满足人们某种需要的属性，即现代商品的有用性。“物的有用性使物具有使用价值”。现代商品的使用价值也是由它的自然属性决定的。现代商品的自然属性不同，它的使用价值也不同。同一种（现代）商品可以兼有多种自然属性，它的使用价值也具有多样性。比如天然气可以用作燃料，① 也可以用作化工生产的原料。

马克思说，“不论财富的社会形式如何，使用价值总是构成财富的物质内容”。② 这里的使用价值是指一般性劳动产品的使用价值而不是指自然物品的使用价值，也是针对为他人生产的而不是针对生产者自身有用的使用价值，是社会的使用价值。这些一般性劳动产品的使用价值还构成了商品交换价值的物质承担者。③ 一般性商品的使用价值反映的是人与自然之间的物质关系，而不是社会生产关系。

现代商品的使用价值同样是现代社会财富物质内容的构成部分，是针对他人生产的劳动产品的社会使用价值，是现代商品交换价值的物质承担者。其与一般性劳动产品的使用价值的不同之处在于：它是凝聚着足够多创造性劳动的现代产品的使用价值。现代商品的使用价值同样反映的是人与自然之间的物质关系，而不是社会生产关系。

与一般性商品的交换价值一样，如果我们抽去货币这个中介，现代商品的交换价值首先表现为一种使用价值同另一种使用价值相交换的量的关系或比例。比如 1 部手机约等于 4000 元、2 台彩色电视机，如果抽去货币这个中介，就变为：1 部手机约等于 2 台彩色电视机。下面，我

---

① 这里的天然气是使用先进的技术设备、复杂的工艺与科学的方法生产出来的，是一种创造性的物化劳动（产品），属于现代商品的范畴。

② 马克思．资本论（第一卷）［M］．北京：人民出版社，1975：48.

③ 在《政治经济学批判》一书中，马克思也把使用价值称为交换价值的“必要的前提”“物质基础。”

们对这一简单的交换等式进行分析。

第一，这是一个在较长时间内的、可持续的交换比例或交换等式。所谓“较长时间内的、可持续的”，是指这两种商品可以在较长的时段内以该比例相互交换或相互卖出。

第二，这是一个平均的交换比例或交换等式。在现实市场上，实际的交换比例或交换等式可能与此发生一定程度的偏离。比如，实际的交换比例是“1 部手机=2.5 台彩色电视机”，或者是“1.2 部手机=2 台彩色电视机”。实际交换比例与平均交换比例的偏离具有偶然性，与市场上这两种商品的供求关系密切相关。

第三，这是一个对生产和交换“起调节作用的交换比例或交换等式”。所谓“起调节作用的交换比例”，是指市场上的这种交换比例对生产者或交换者（指已经拥有某种商品，而想将这种商品交换出去以换取其他更需要的商品的人）的交换行为有调节作用。比如，当市场上 1 部手机可交换高于 2 台彩色电视机时，手机厂商将受益，于是有扩大生产量向市场提供更多的手机产品的企图与行为，而电视机厂商因利益受损，而有降低其生产量与减少市场供给量的企图与行为；反之，当交换比例是“1 部手机=1.5 台彩色电视机”时，手机厂商与电视机厂商的行为与动机正好相反。正是这种对生产者、交换者的调节作用，使市场上的实际交换比例始终以“1 部手机=2 台彩色电视机”的比例为中心上下波动。换句话说，“起调节作用的交换比例”（或平均交换比例、可持续的交换比例）是在实际交换比例的波动中、在商品竞争中实现的。

第四，当商品的交换比例或交换等式（即“1 部手机=2 台彩色电视机”）是“起调节作用的交换比例或交换等式”时，这 2 台彩色电视机就是 1 部手机社会价值的表现形式。或者反过来说，这 2 台彩色电视机的价值表现形式是 1 部手机。上述两种说法都是可以的。

假设上衣、麻布都是纯劳动产品，我们就可以从交换等式（1 件上衣 = 20 码麻布）中得出结论：1 件上衣和 20 码麻布所包含的价值实体（即“凝聚在商品中的生产它们所耗费的必要劳动时间”）量“相等”。同样的道理，我们也可以从现代商品的交换等式（持久的等式）中得出结论：“1 部手机和 2 台彩色电视机”所包含的价值实体量也是相等的。我们现在还不能确定现代商品中所凝聚的创造性劳动量是如何折合为或化简为多倍的、简单的必要劳动时间，因为创造性劳动的本质特征是“不能求社会平均”。①

第五，社会对 x 量的商品 A 具有大于零的、有支付能力的有效需求量（记为 $N_{必需i}$）是商品 A 具有交换价值的必要的社会性的前提（比如有人愿意用 y 量商品 B 去与 x 量的商品 A 相互交换）。如果社会对商品 A 的有效需求量为零，即使商品 A 对人可能很有用，商品 A 的交换价值也为零。比如，一个发明专利产品对人很有用，但其制作的成本很高，社会对这个专利产品的有效需求量为零，那么这个专利产品的交换价值也为零。

第六，我们要注意商品与商品之间的“起调节作用的交换等式（或交换比例）”，即 x 量的商品 A = y 量的商品 B（或 x 量的商品 A 值 y 量的商品 B），在（金属）货币出现以前也是存在的，实际上它就是

① 马克思指出：“比较复杂的劳动只是自乘的或不如说多倍的简单劳动，因此，少量的复杂劳动等于多量的简单劳动。经验证明，这种简化是经常进行的。一个商品可以是最复杂的劳动的产品，但是它的价值使它和简单劳动的产品相等，因而本身只表示一定量的简单劳动。各种劳动化为当作它们的计量单位的简单劳动的不同比例，是在生产者背后由社会过程决定的，因而在他们看来，似乎是由习惯确定的。”这里明显是从复杂劳动产品与简单劳动产品的价值相等（即“等价交换”）反过来推论出复杂劳动创造的价值或包含的价值实体是简单劳动在相同的时间内创造的价值实体的若干倍或包含“多倍的”价值实体。

商品的（社会）价值的初始形态。而在（金属）货币出现以后，商品与（金属）货币这个特殊商品之间的“起调节作用的交换等式（或交换比例）”，即 x 量的商品 A = y 量的货币商品 B，或者说，这个“起调节作用的价格”就构成了 x 量商品 A 的社会价值。在（金属）货币出现以后，x 量商品 A 与货币商品之间的“实际的交换比例”就是商品的价格。商品的“起调节作用的价格”或商品的社会价值（或交换价值）同商品与（金属）货币之间的“实际的交换比例”或价格是有区别的。传统的政治经济学并未严格区分这两个重要的概念。

三、创造性劳动价值论的核心内涵

商品（一般性商品或现代商品）所包含的价值实体是使商品转化为价值（物）的东西。① 现代商品具有交换价值，只是因为有人的一般性劳动（抽象的人类劳动）和独特的创造性劳动同时物化在里面，并共同构成现代商品的价值实体。② 如果撇开现代商品的使用价值，剩下的不只是“无差别的人类劳动（即一般性劳动）的单纯凝结”，而一定是同时包含有足够多的独特的创造性劳动的凝结。既然现代商品是由一般性劳动与创造性劳动两类不同性质的劳动共同创造出来的，那么现代商品的价值量就至少与两个因素有关：一个因素反映生产商品所花费的

① “劳动量没有价值，不是商品，而是使商品转化为价值的东西，是商品中的统一体，而商品作为这个统一体的表现，在质上相同，只是在量上不同。”（《马克思恩格斯全集》，人民出版社，第二十六卷第三分册第 145 页）显然，这里的“劳动量”“统一体”就是指价值实体。

② “价值实体”代表的价值量将远大于它们包含的劳动时间量，比如，10 个一般性劳动力（或从事简单劳动的生产者）在 1 个工作日（10 小时）内创造了 100 个劳动小时的价值产品；3 个复杂劳动力（假设复杂劳动系数为 3）加上 7 个简单劳动力（假设简单劳动系数为 1）在 1 个工作日内创造了 $3\times3\times10+7\times10=160$ 个劳动小时的价值产品；1 个创造性劳动主体加上 2 个复杂劳动力与 7 个简单劳动力平均可以创造出比 160 个劳动小时的价值产品多得多的价值产品。

一般性劳动对商品价值作出的贡献，另一个因素反映创造性劳动对商品价值作出的贡献。

在相同的时间内，创造性劳动比一般性劳动能够创造出更大的价值量。这就是创造性劳动价值论的核心内涵。

一是创造性劳动价值论的核心内涵强调的是两类不同性质的劳动共同创造现代商品的价值。其中的创造性劳动起着核心作用，一般性劳动起着辅助作用，因此，可以将共同作用的两类劳动称为“创造性总体劳动”。由此，创造性劳动价值论的核心内涵也可以表述为：现代商品的价值是由“创造性总体劳动”创造的，而且“创造性总体劳动”（在同一劳动时间内）能够比单纯的一般性劳动在相同的时间内创造出更大的价值量。

二是创造性劳动价值论是现代市场经济社会中企业创造现代商品的现实过程的反映和总结。比如，一个彩色电视机的生产企业，在企业家的统一指挥下进行生产，企业有进行专门研究、设计的科研部门，拥有不少的发明专利和知识产权成果，还有进行产品零件生产、组装的技术工人，以及销售人员和为企业的生产安全服务的工作人员。如果这个企业每月生产 1 万台彩色电视机，必然要投入一定量的创造性劳动和大量的一般性劳动，即必然要投入一定量的创造性总体劳动（量）。这个总体劳动量是多少我们还不知道，因而这 1 万台彩色电视机的总价值量是多少也不知道，但每一台彩色电视机所耗费的劳动量是这个总体劳动量的万分之一，每一台彩色电视机的价值量是这个总价值量的万分之一。

三是如何用一个数学公式将创造性劳动与一般性劳动这两种劳动对商品价值作出的贡献反映出来？让我们从一个最简单的、纯粹（或基本上）由创造性劳动价值凝聚的知识产权商品——发明专利入手。假设一个发明家设计了一个可以获取专利的新产品，他使用图纸、专利申请的费用可以忽略不计，这样，该知识产权作为一种现代商品就可以抽象为一种单纯的创造性劳动的凝聚物。它的价值 $A_{创造}$ 一定可以表示为发明家所耗费的个别劳动时间 $t_{个别}$ 与一个可变系数 α 的乘积：

$$A_{创造}=\alpha\times 创造性个别劳动时间=\alpha\times t_{个别} \tag{3-1}$$

式（3-1）的正确性可以从复杂劳动与创造性劳动的关系上得到证实。任何一项复杂劳动从它的起源上看一定是创造性劳动。只是当创造性劳动的内容和形式在社会范围内充分扩展开来以后才先转化为复杂劳动，最后还可能会转化为简单劳动。在上面的例子中，发明专利如果在社会范围内公开并推广、普及，在应用专利设计的工厂里仍然要由工程技术人员按照该专利图纸进行设计、绘图、编制工艺说明等，这就已经转化为复杂劳动的形式了。工厂技术人员的复杂劳动创造的价值 $A_{复杂}$ 等于复杂劳动的必要劳动时间量乘以一个倍数 β：

$$A_{复杂}=\beta\times 复杂劳动必要劳动时间=x\ 个简单劳动量 \tag{3-2}$$

注意，式（3-2）中我们用“必要”代替了式（3-1）中的“个别”，这是因为复杂劳动主体具有可替换性。

式（3-1）和式（3-2）完全对应，并成为式（3-2）的转化形式。与复杂劳动必要劳动时间相对应的只能是创造性个别劳动时间，与某一确定倍数 β 对应的只能是远大于它的一个可变系数 α，而系数 α 的可变性来源于创造性劳动创造价值的不确定性。由于从事新发明专利的创造性劳动的内容和形式尚未在社会范围内扩展，因而不存在相应的社会必要劳动时间。

依据创造性劳动价值论的核心内涵，可变系数 α 是一个远大于固定系数 β 的数值，当 α 趋近于 β 时，创造性劳动就转化为复杂劳动。由于系数 α 的可变性或不确定性，关于现代商品的价值量的决定问题尚未得到最后解决。

第四章

现代商品的社会价值概念的本义

在第三章中，我们已经阐明现代商品的价值是由创造性劳动与一般性劳动两类不同性质的劳动共同创造的，或者说，是以创造性劳动为核心的创造性总体劳动创造的，其价值量 $A_{创造}=\alpha\times$创造性个别劳动时间$=\alpha\times t_{个别}$，由于其中的 α 是一个可变系数，因此创造性总体劳动所创造的价值量（或价值实体量）是难以确定和计量的。

为了彻底解决现代商品（或创造性总体劳动产品）的价值计量难题，我们必须先回到对劳动价值理论基本概念的讨论，即首先讨论（现代）商品的社会价值概念的本义，讨论创造性（总体）劳动所创造的社会价值究竟是什么，然后才能讨论社会价值（量）如何计量。

商品的社会价值是指商品的市场价值（或交换价值），简单来说，就是商品的价值，它是商品出售的依据。商品价值概念的本义是指商品价值概念的本来意义或最初始的意义。

一、古典政治经济学家对商品价值概念本义的认识

我们先来梳理一下那些优秀的古典政治经济学家是怎么认识价值概念的本义的。

配第区分了商品的自然价格与政治价格的概念。他所说的自然价格，实际上是指商品的价值，而政治价格是指不断变动着的或波动着的商品的市场价格。配第把自然价格看作商品交换的基础和观察其他经济

现象的基础。

斯密将商品的价值理解为“每一件东西的真实价格”。在进入资本主义社会以后，商品的价值就是商品的自然价格。“当任何商品的价格不多不少，恰恰足以支付在生产、制造这种商品并将其送入市场所使用的土地、劳动和资本的地租、工资和利润时（根据它们的自然率），这种商品可以说是按所谓自然价格出售的。”“自然价格仿佛就是中心价格，所有商品的价格都继续不断地向它移动。各种偶然事件有时使它们停留在中心价格之上，有时又迫使它们下降。甚至略低于中心价格。但是不管什么障碍阻止它们固定在这个静止和持续的中心，它们总是经常地趋于这个中心。”①

斯密的真实价格、自然价格，既是一种波动中心价格、足够价格，又是一种起稳定和调节作用的、特殊的市场价格。

李嘉图继承了斯密将价值视为商品的“真实价格”“自然价格”的思想，但李嘉图将自然价格视为能够使资本获得平均利润的“起调节作用、分配作用的价格”，这一点与斯密的认识略有不同。李嘉图认为，商品按自然价格进行买卖，并且“把资本按各行业所需要的确实数量分配到各种行业中去的原理的作用，要比一般所设想得更为有效”。②

配第、斯密、李嘉图等优秀的古典经济学家将价值理解为一种特殊的价格，无论是自然价格、真实价格、（波动）中心价格、足够价格，都是一种特殊的价格，或者说，是一种起稳定与调节作用的市场价格，

① 斯密．国富论（上）［M］．杨敬年，译．西安：陕西人民出版社，2001.

② 李嘉图．李嘉图著作和通信集（第一卷）［M］．北京：商务印书馆，1997：74.

它是资本主义生产的调节器。[①] 古典经济学家的价值概念是建立在“价格论”的基础之上的。

二、恩格斯关于商品价值概念本义的论述

1891 年恩格斯在为马克思的《雇佣劳动与资本》的单行本写的导言中有两段非常重要的论述，透露了恩格斯对商品价值概念本义的看法。他指出：“经济学碰到了这样一个事实，即一切商品的价格，包括被称作‘劳动’的那个商品的价格在内，不断地发生变动；它们由于那些往往与商品本身的生产毫不相关的各种各样的情况的影响，忽而上涨，忽而下降，因而使人觉得价格通常是由纯粹的偶然情况来决定的。当经济学作为科学出现的时候，它的首要任务之一就是要找出隐藏在这种表面支配着商品价格的偶然情况后面，而实际上却支配着这种偶然情况本身的规律。在商品价格的时而上涨、时而下降的变动和波动中，它要找出这种变动和波动所围绕的稳定的轴心。一句话，它要从商品的价格出发，找出作为调节价格规律的商品价值，价格的一切变动都可以根据价值来加以说明，而且归根到底都是以价值为依归。”

“作为调节价格规律的商品价值”与“生产商品所必需的劳动时间”之间的关系，即商品的“价值规律”，恩格斯进一步论述道：

“于是古典经济学就发现了，商品的价值是由商品所包含的、为生产商品所必需的劳动来决定的。古典经济学满足于这样的解释，我们也可以暂且到此为止。不过为了避免误会起见，我认为需要提醒一下，这

① 实际上，魁奈最先论述了基础价格（即他心目中的价值）对生产的调节器作用。他在《赋税论》《人口论》中指出“一旦出售这些产品的人得不到适当的价格和应有的盈利，那么产品的生产就会缩减”“如果售价能提供相当的盈利，使生产能够继续维持下去或者更加扩大，就可以认为商品很值钱”。

种解释在今天已经完全不够了。马克思曾经第一个彻底研究了劳动所具有的创造价值的特性，并且发现，并非任何仿佛是或者甚至真正是生产某一产品所必需的劳动，都会在任何条件下给这一商品追加一个与所消耗的劳动量相当的价值量。因此，如果我们现在还是同李嘉图这样的经济学家们一起简单地说，商品的价值是由生产商品所必需的劳动决定的，那么，我们在这里总是以马克思所提的那些附带条件为当然前提的。”①

恩格斯的论述包含着深刻含义与重要信息，可以说，它是正确理解马克思科学劳动价值论的两把钥匙。在本章中，我们仅针对商品价值概念的本义展开分析讨论。

三、商品的价值

恩格斯的第一段论述归结起来主要有以下几点意义：

第一，恩格斯的论述清楚地揭示了商品价值概念的本质：商品的价值就是“调节商品价格规律的东西”。

对商品价值概念的本质，马克思有类似的论述。

马克思曾经指出：“（实际）价值本身不以它对市场价格的波动为转移（撇开它是这些波动的规律不说）。”“价格和价值的差别不是只作为名和实的差别；不是由于金和银为名称而是由于价值是作为价格运动的规律而出现。但它们始终是不同的，从来不一致，或者只是在完全偶然和例外的情况下才一致，商品的价格不断高于或低于价值，商品价值

① 中共中央马克思恩格斯列宁斯大林著作编译局. 马克思恩格斯选集（第一册）［M］. 北京：人民出版社，1980：323.

本身只存于商品价格的上涨和下跌之中。”①

马克思明确指出，价值是对市场价格的波动起支配作用的东西，是商品价格波动的中心，价值概念本身只存在于商品价格的上涨和下跌之中。由于商品的价格不断地高于或低于价值，所以商品的价值是与商品价格同性质的、可以互相比较大小的东西；或者说，商品价值就是一种特殊的价格（波动中心价格）。马克思的论述出现在1857年至1858年，可以看出，其基本思想与较晚出现的恩格斯的论述是相一致的。

列宁对商品价值本义或价值概念的本质也有一段重要论述：

“价格是价值规律的表现。价值是价格的规律，即价格现象的概括表现。”②

对商品价值概念本义的认识，马克思、恩格斯、列宁等是基本一致的，也是一脉相承的。

第二，恩格斯的第一段论述进一步揭示了价值这个“调节价格（运动）规律的东西”是指什么。它就是商品价格不断波动的“稳定的轴心”，商品的价格不断地高于或低于它，又趋向于它，它是商品波动的中心价格、平均价格或均衡价格，马克思在《资本论》第三卷中更加准确地将其表述为部门商品的“起调节作用的价格”。③

所谓“起调节作用的价格”，是指从表面上看，它对商品的市场价格有直接的调节作用，商品的价格不断地高于或低于它，但总是向它趋近；从更深的层次上看，这个特殊的价格是对商品生产者的行为能够起到调节作用的价格。这个调节作用的机制是当市场上的商品的实际价格

---

① 中共中央马克思恩格斯列宁斯大林著作编译局. 马克思恩格斯全集（第四十六卷上）［M］. 北京：人民出版社，1979：81.

② 列宁. 列宁全集（第二十卷）［M］. 北京：人民出版社，1975：90.

③ 马克思. 资本论（第三卷）［M］. 北京：人民出版社，1975.

高于这个特定的价格时，卖方所获得的利益增加，将刺激生产者扩大其生产量，并将更多的产品提供到市场上去，由于卖方之间的竞争加剧，最终的结果是造成市场商品价格的下降；反之，当市场上商品的实际价格低于这个特定的价格时，卖方的利益受损，将促使生产者减少其生产量，并减少向市场提供产品的数量，由于卖方之间的竞争强度减弱（相应地，买方之间的竞争强度将加剧），最终造成市场上商品的实际价格上升，并向这个特定价格回归。

理解"价值就是调节价格规律的东西"的重要性在于：我们要认识到，凡是不能直接调节价格运动规律的东西，就一定不是价值，虽然有时也说，劳动时间或更准确地说生产商品所耗费的社会必要劳动时间调节商品的价格运动，但这是不够准确的说法。实际上，生产商品所耗费的社会必要劳动时间，它在一定的社会条件下，是决定或调节商品价格波动中心高度的东西而不是直接调节价格运动规律的东西，因此，它并不是价值而只是可以决定或调节商品价值大小的东西。

第三，恩格斯的论述揭示了价格现象先于价值概念的事实。因为"价值是调节价格规律或价格运动规律的东西""价值只存在于商品价格的上涨和下跌之中"，价值是"价格现象的概括表现"。这些都意味着没有商品的价格运动，就没有商品价格运动的规律，也就没有商品价值概念的存身之地。只有价格现象已经存在时——这意味着作为一般等价物的货币已经确立，才会有"价格现象的概括表现"，即价值概念的存在；或者说，只有价格运动已经存在，才会抽象出作为价格运动规律的调节者的价值概念。

马克思、恩格斯关于"价格现象先于价值概念的事实"还有不少论述，"劳动产品分裂为有用物与价值物，实际上只是发生在交换已经十分广泛和十分重要的时候，那时有用物是为了交换而生产的，因而物的价值性还在生产时就被注意到了”。[①]

“如果我们从不同的方面来考察商品，所考察的是充分发达的商品……那么，它们在我们面前就表现出使用价值和交换价值两个方面。”[②]

“在交换十分广泛和十分重要的时候”，在“充分发达的商品”的时代，一定是价格现象已经广泛存在的时代（即货币已经出现）。

“在我们的叙述过程中已经说明：价值表现为一种抽象，这只有在货币已经确立的时候才是可能的；……因此，在分析过程中不仅会出现像资本这样属于一定历史时代的形式所具有的历史性质，而且还会显示出像价值这样表现为纯粹的抽象规定，显示出这些规定被抽象出来的历史基础；并且显示出像货币这样或多或少属于一切时代的规定，这些规定所经历的历史变化。价值这个经济学概念在古代人那里没有出现过。价值只是在揭露欺诈行为等时才会在法律上区别于价格。价值概念完全属于现代经济学，因为它是资本本身和以资本为基础的生产最抽象的表现。价值概念泄露了资本的秘密。”[③]

价格现象古已有之，而价值概念作为一种抽象的规定，仅仅是在“货币已经确立”的时候才出现；“货币这样或多或少属于一切时代”，而“价值概念完全属于现代经济学”，它只有在资产阶级的自由竞争的社会里，才得到充分的发展；价值概念泄露的是现代资本的秘密。因此，我们说价格现象先于价值概念是有充分的依据的。

---

① 马克思．资本论（第一卷）［M］．北京：人民出版社，1975：90.

② 中共中央马克思恩格斯列宁斯大林著作编译局．马克思恩格斯选集（第二册）［M］．北京：人民出版社，1995：45.

③ 中共中央马克思恩格斯列宁斯大林著作编译局．马克思恩格斯全集（第四十六卷上）［M］．北京：人民出版社，1979：102.

理解并承认价格现象先于价值概念产生的理论意义是巨大的，它不仅能使我们加深对价值概念的历史性、暂时性的认识，而且它是我们将创造性劳动价值论直接建立在价格论基础之上的重要理论依据。

四、价值概念的初始形式

商品价值概念的本义或商品的社会价值（市场价值）就是“调节商品价格规律的东西”，即“起调节作用的商品价格”。“起调节作用的商品价格”就是“起调节作用的商品与一定数量的货币相互交换的比例”。

斯密在《国富论》中提出，在资本积累和土地私有以前的社会状态下，在以狩猎为生的国家中，杀死 1 只海狸的劳动通常为杀死 1 只鹿的劳动的两倍，那么，1 只海狸自然应当交换两只鹿，或者说，“值”两只鹿。交换比例“1 只海狸 = 2 只鹿”就是“起调节作用的交换比例”。它是商品社会价值概念的初始形式。这个特定的交换比例对生产者的行为有调节作用。如果由于某种原因使市场的实际交换比例变为“1 只海狸 = 3 只鹿”或“2 只海狸 = 5 只鹿”，这必将刺激以捕捉海狸为生的狩猎者增加其生产量并向市场提供更多的海狸。同时，以捕捉鹿为生的狩猎者会感到这个交换比例“不公平”，吃了“亏”，他们必将减少其生产量并降低市场供给量。这两种力量的共同作用促使市场的交换比例向特定的交换比例回归。

马克思在《资本论》第一卷中举例提出，“20 码麻布 = 1 件上衣”，这也是一种“起调节作用的交换比例”。如果市场上两种商品的实际交换比例偏离这个特定的交换比例，比如变为“15 码麻布 = 1 件上衣”或“25 码麻布 = 1 件上衣”，都会影响或调节麻布与上衣生产者的行为，即影响或改变他们向市场提供的产品的数量，最终造成麻布与上衣的交换比例向这个特定的交换比例回归。这里讲的是“20码麻布=1件上衣”直接成为“起调节作用的交换比例”，而不是它们耗费的劳动量的相对比例直接成为“起调节作用的交换比例”。当资本主义生产发展到一定的高度时，如果生产麻布产品的生产部门与生产上衣产品的生产部门的资本有机构成明显不相等时，“20码麻布=1件上衣”与它们各自包含的“耗费必要劳动量的相对比例”是明显不相等的。

第五章

商品社会价值的两种含义

一、商品的价值的两种概念

恩格斯肯定了“商品的价值由商品所包含的、为生产商品所必需的劳动时间所决定”① ——也就是说“商品的价值由第一含义的社会必要劳动时间所决定”②——这个关于价值规律的重要论断或核心命题的发明权是属于古典经济学家的，但这个重要论断或核心命题是有缺陷的（“这种解释在今天已经完全不够了”），而且马克思已经有了重要发现。马克思指出，商品的价值在一般情况下并不是由第一含义的社会必要劳动时间所决定，而是由第二含义的社会必要劳动时间所决定的，即“由当时社会平均生产条件下生产市场上这种商品的社会必需总量所必要的劳动时间所决定”。③即 $A_i = t_1 \times N_{必需i}$，其中 A_i 是第 i 个部门生产的商品的总价值量，t_1 是生产该种商品所必需的第一含义的社会必要劳动时间，而 $N_{必需i}$ 就是社会对该种商品的有支付能力的需求量或有效需求量（或与之相等的“通常的供给量”，记为 $N_{必供i}$），进一步说，$N_{必需i}$就是社会能够对该种商品按价值 t_1进行支付的商品数量。一个最显著的特点是：“并非任何仿佛是或者真正是生产某一商品所必需的劳动，都会在任何条件下给这一商品追加一个与所消耗的劳动量相当的价值量”，换句话说，商品的价值量并非始终等于生产商品所耗费的必要劳动量，而是在一定的社会条件下，商品的价值量可以大于、等于或小于生产该种商品

①②③ 马克思．资本论（第三卷）[M]．北京：人民出版社，1975：722，716，209.

所必需的劳动量。发现这一点，是马克思的重要贡献，也是马克思超越李嘉图等古典经济学家的地方。

第四章第二节中恩格斯的第二段论述主要有以下几方面的重要意义。

第一，进一步肯定了价值概念的本义是“调节价格规律的东西”。凡不具备调节价格运动规律功能的东西就不能称为价值。例如，当资本主义生产发展到一定的程度时，“平均利润率规律”开始发挥作用，此时与生产商品所必需的劳动时间同数量的、原来的商品价值（量）在一般情况下就不再是商品价格运动规律的直接调节者了，因而也就不再是商品（社会）价值的代表了。此时，部门商品的生产价格（这是一个等于“成本+平均利润”的特殊价格）就成为商品价格规律的调节者，成为市场价格新的波动中心价格。它才是此时部门商品的社会价值（即“起调节作用的价格”）。

部门商品的生产价格（即新的社会价值）调节市场价格运动规律的机制是：

当资本主义生产发展到一定的程度时，“平均利润率规律”开始发挥作用，这意味着资本家之间的竞争行为或规则发生了改变，社会认可商品按照生产价格进行交换是符合公平、正义的，因而这个特定的交换比例或（生产）价格就成为新的“起调节作用的交换比例或价格”。当部门的生产者向市场提供的商品数量大于社会能够按照部门商品的生产价格进行支付所要求的数量时，生产者（卖者）之间的“竞争强度”加强（与此相应的，是购买者之间的“竞争强度”减弱），由此必然造成商品的价格下跌，以便将产品出售给那些支付能力或购买意愿较低的有效需求者。价格下跌将使生产者的利润率降低，这必将使生产者减少其生产量或将资本“转投”到其他利润率较高的部门或行业；反之，当部门的生产者向市场提供的商品的数量小于社会能够按照部门商品的生产价格进行支付的数量时，生产者之间的竞争强度减弱（与此相应的，是购买者之间的"竞争强度"加强)，由此必然造成商品价格的上升，商品将只会出售给那些有支付能力与购买意愿较强的有效需求者。价格的上涨使商品生产者的产品利润率提高，这又必将促使生产者增大其产品量或刺激其他部门的资本"转投"到该行业，最终的结果是产品的市场价格下降并向其生产价格的水平回归。如果部门的生产者向市场提供的商品数量恰好等于社会能够按照部门商品的生产价格进行支付的数量时，部门的商品将会按照其生产价格出售。

部门商品的社会价值对价格运动有调节作用的原因在于：在一定的生产力水平之下，生产一定数量的商品必须花费一定数量的、过去的和直接的必要劳动量，否则商品决不会生产出来；部门内部的个别生产者之间必然会发生一定强度的竞争，生产者与买者之间也必然会发生一定强度的竞争。

第二，揭示了部门商品的价值量不一定等于生产商品所必需的劳动量，换句话说，商品的社会价值或"起调节作用的价格"（记为 $a_{调节}$）不一定等于第一含义的社会必要劳动时间量（记为 t_1）。如果我们定义与第一含义社会必要劳动时间量相等的社会价值（或起调节作用的价格）为"社会价值Ⅰ"，同时，将大于或小于第一含义社会必要劳动量的社会价值（或起调节作用的价格）定义为"社会价值Ⅱ"，显然这个"社会价值Ⅱ"的数学表达式就是前面已提到过的 $A_i=t_1\times N_{必需i}$ 及其展开式，[①] 它不等于"社会价值Ⅰ"。两者之间的关系是：社会价值Ⅱ $=\rho_i\times$

---

① $A_i=t_1\times N_{必需i}=a_{pi}\times N'_{必需i}$，其中的 $N'_{必需i}$ 代表社会能够对产品按"起调节作用的价格" a_{pi} 进行支付的一个新的正常的有效需求量（或必要的供给量）。如果用 A'_i 代表 $a_{pi}\times N'_{必需i}$，那么这个 $A'_i=a_{pi}\times N'_{必需i}$，就是社会价值Ⅱ的数学表达式。显然，当 $N'_{必需i}$ 趋向于或等于 $N_{必需i}$ 时，a_{pi} 也趋向于或等于 t_1（社会价值Ⅰ的个量）。由此可以看出，系数 $\rho_i=N_{必需i}/N'_{必需i}$。笔者发现，公式 $A_i=t_1\times N_{必需i}=a_{pi}\times N'_{必需i}$ 所表现的规律，对于政治经济学的价值理论而言，是一个与经典物理学中的牛顿第二定律差不多同等重要的规律，它不仅可以用于解释生产价格规律、绝对地租规律、垄断价格规律甚至还可以用于解释货币（包括纸币）生产或流通的规律。

社会价值Ⅰ，其中的系数ρ_i是反映社会对部门商品的有效需求量的变化的比率或反映部门内外的生产者之间的不同竞争强度的变化率。在一定的社会条件或“供需状况”下，“社会价值Ⅰ”可以成为“起调节作用的市场价格”；而在另外的一些社会条件或“供需状况”下，“社会价值Ⅱ”也可以成为“起调节作用的市场价格”。

部门商品的（社会）价值的本义是“调节商品价格规律的东西”，是“起调节作用的市场价格”，是社会认可的商品“价值”或“公平价格”，以及商品的社会价值应当严格区分为“社会价值Ⅰ”与“社会价值Ⅱ”，它们分别在不同的社会条件或“供需状况”下可以成为商品价格规律的直接调节者。当部门产品的社会价值Ⅱ（个量）大于产品所包含的第一含义的社会必要劳动时间时，两者之间的差额我们称为产品所包含的“虚拟的社会价值”。对某些部门（比如由高资本构成的部门，农产品、矿产品生产部门）的产品而言，这个包含的“虚拟的社会价值”的比例可以很高。

严格区分“社会价值Ⅰ”与“社会价值Ⅱ”两个概念以及理解“社会价值Ⅱ”在一般情况下不等于“社会价值Ⅰ”，还有两者之间的关系即社会价值Ⅱ=ρ_i×社会价值Ⅰ的理论意义非常重要。这对创造性劳动价值论的构建以及如何计量现代商品的社会价值有重要作用。

二、我国政治经济学中对商品价值概念的表述

有学者指出“价值就是凝结在商品中的劳动”“价值是商品交换的基础，交换价值是价值的表现形式”“价值，作为凝结在商品中的劳动，是看不见摸不着的”。[①] 还有学者指出，“商品价值有质的规定性和

① 蒋学谟．政治经济学教材［M］．上海：上海人民出版社，1980：25.

量的规定性两个方面。从质的规定性来讲，它是物化在商品中的抽象劳动”。[①] 许涤新主编的《政治经济学辞典》中，价值被定义为“凝结在商品中的一般的无差别的人类劳动或抽象的人类劳动。它是商品的双因素之一，商品的另一因素是商品的使用价值”。[②]

应当注意我们对社会价值概念（本义）的理解与我国主流学者和政治经济学教科书、辞典对价值概念定义的差别：后者一般将价值理解为“凝结在商品中的无差别的人类抽象劳动”，实际上这是对“价值实体”的定义。我们则更强调了：（社会）价值是调节商品价格规律的东西，是一种特殊的、起调节作用的价格（或交换比例）；讲社会价值的本义，是上一个层次的问题，而劳动决定价值，是下一个层次的问题，并且价值量可以与商品所包含的必要劳动量相等或不一致。

---

① 刘诗白．马克思主义政治经济学原理［M］．成都：西南财经大学出版社，2003：21-25.

② 许涤新．政治经济学辞典（上）［M］．北京：人民出版社，1980：38.

第六章

商品的社会有效需求原理

社会对部门生产的某种产品有支付能力的有效需求量，是产品成为商品、商品具有交换价值的必要前提。这一原理，我们称为“商品的社会有效需求原理”（简称“原理”）。商品的社会有效需求原理是“商品价值理论”不可缺少的组成部分。古典政治经济学事实上已经接触到或者说已经提出了“原理”的初步框架，马克思在《资本论》及其手稿中对“原理”作了进一步的阐释。但是，部分学者在阐述劳动价值论的核心命题与基本原理时，却并未将其与“商品的社会有效需求原理”有机地结合起来。

一、斯密的商品的社会有效需求原理

斯密的商品的社会有效需求原理是在《国富论》上卷第七章“论商品的自然价格和市场价格”中提出的。这个“原理”包括以下内容：

（1）每一种具体商品的市场价格，是受实际送到市场的数量与愿意支付商品自然价格的人，即愿意支付将商品送入市场所必需的地租、劳动（工资）和利润的全部价值的人的需求两者的比例调节的。这种人可以称为有效需求者，他们的需求可称为有效需求。

（2）当送入市场的商品数量恰好足以供给有效需求时，市场价格自然会与自然价格完全吻合，或者相差不远。手头的全部商品可以按这个价格售出，但不能售价更高。不同商人之间的竞争使得他们不能不接受这个价格，也使他们不能接受更低的价格。

（3）当送入市场的商品数量少于有效需求时，所有愿意支付将商品送入市场所必需的地租、劳动（工资）和利润全部价值的人不能得到他们所需数量的供给。其中有些人不愿就此罢休，宁肯出更高的价钱。他们中间立即开始了竞争，而市场价格将或多或少高出自然价格，依据短缺的数量的多少与竞争者的富有程度和奢侈习性所造成的竞争的激烈程度而定。在同等富有和奢侈的竞争者中，相同的短缺程度一般会引起其或大或小的竞争，依获得这种商品对他们的重要程度是大是小而定。因此，当城市受到封锁或灾荒时，生活必需品价格奇高。

（4）当送入市场的商品数量超过有效需求时，它就不能全部卖给那些愿意支付将商品送入市场所必需的地租、劳动（工资）和利润的全部价值的人。有一些货物必须卖给那些出价较低的人，他们付出的低价必然会降低全部商品的价格。市场价格将会降低到自然价格以下，降低多少，依超过的数额在多大程度上增加卖主的竞争，或依立即脱手商品对他们的重要性是大是小而定。

（5）每种商品送入市场的数量，自然会自行适应有效需求。[①]

（6）如果将斯密的“商品的社会有效需求原理”用数学公式来表达，设这些有效需求者在一定的时间内（比如在一年内）对该种商品的有效需求量为$N'_{必需i}$，自然价格（即生产价格）为ω_i，送到市场上的实际商品数量即供应量（生产量）为$N_{供给i}$，市场价格为a_{pi}，i表示i部门生产的商品，则有：

$$A_i = N'_{必需i} \times \omega_i = N_{供给i} \times a_{pi} \tag{6-1}$$

式（6-1）中，A_i为部门商品的总社会价值（或总自然价格）量，

① 斯密．国富论（上）[M]．杨敬年，译．西安：陕西人民出版社，2001：52.

其中的 $N'_{必需i}$ 是社会（即所有的有效需求者）对第 i 部门生产的商品的有效需求量，是一个稳定的常量，ω_i 为与有效需求量 $N'_{必需i}$ 相适应的（单位商品的）生产价格（或自然价格），也是一个稳定的常量，而方程式右边的 $N_{供给i}$（即第 i 部门的生产量或为市场提供的供给量）、a_{pi} 都是变化量。

当 $N_{供给i}>N'_{必需i}$ 时，市场价格 a_{pi} 必然小于生产价格 ω_i（注意，这里的市场价格 a_{pi} 是支付意愿和支付能力最低的有效需求者所支付的边际价格）；当 $N_{供给i}<N'_{必需i}$ 时，$a_{pi}>\omega_i$，即商品的市场价格大于生产价格（自然价格）；只有当 $N_{供给i}=N'_{必需i}$ 时，商品的市场价格 a_{pi} 才恰好等于生产价格 ω_i。

二、马克思对商品的社会有效需求原理的深化与发展

马克思在《资本论》第三卷中，对斯密的商品的社会有效需求原理进行了深化与发展。

一是马克思把“有效需求”的数量归结为“通常的需求（量）（简记为 $N_{必需i}$）”和与之相等的“通常的供给（量）（简记为 $N_{必供i}$）”，即归结为“社会能够对部门商品按市场价值（或生产价格）进行支付，并提供到市场上来的商品量”。这样不仅突出了“有效需求（量）”的社会性、稳定性与常量性质，将它与实际需求量、实际供给量这个变化量区分开来，还把“有效需求（量）”与“通常的供给（量）”统一起来。

二是针对市场价值与生产价格，提出了两个“有效需求量”，即 $N'_{必需i}$ 与 $N_{必需i}$，前者针对生产价格而言，后者针对市场价值而言。

马克思指出：“不同的个别价值，必须平均化为一个社会价值，即上述市场价值，为此就需要在同种商品的生产者之间有一种竞争，并且

需要一个可供他们共同出售自己商品的市场。为了使种类相同，但各自在不同的带有个别色彩条件下生产的商品的市场价格，同市场价值相一致，而不是同市场价值相偏离，即既不高于也不低于市场价值，这就要求各个卖者互相施加足够大的压力，以便把社会需要所要求的商品量，也就是社会能够按市场价值支付的商品量提供到市场上来。如果产品量超过这种需要，商品就必然会低于它的市场价值出售；反之，如果产品量不够大，也就是说，如果卖者之间的竞争压力没有大到足以迫使他们把这个商品量带到市场上来，商品就必然会高于它们的市场价值出售。如果市场价值发生了变化，总商品得以出售的条件也会发生变化。"①"因此，如果供求调节着市场价格，或者确切地说，调节着市场价格同市场价值的偏离，那么另一方面，市场价值调节着供求关系，或者说，调节着一个中心，供求的变动使市场价格围绕着这个中心发生波动。"②"关于市场价值所说的，也适用于生产价格，只要把市场价值换成生产价格就行了。"③"关于市场价值所说的一切，加上必要的限定，全都适用于生产价格。"④

三是马克思在《剩余价值理论》中论述决定商品价值的第二含义的社会必要劳动时间概念时，使用了公式 $A_i = N_{必需i}$×市场价值 $a_i = N_{供给i}$×市场价格 a_{pi}。在《资本论》第三卷第十章中，马克思还特别提到："如果市场价值降低了，社会需要（在这里总是指有支付能力的需要）平均说来就会扩大，并且在一定的限度内能够吸收较大量的商品。如果市场价值提高了，商品的社会需要就会缩减，就只能吸收较小量的商品量。"

①②③④ 马克思. 资本论（第三卷）[M]. 北京：人民出版社，1975：201，202，200，222.

因此，如果我们将马克思的论述直接用数学公式表达出来，就是：

$$A_i = N_{必需i} \times a_i = N_{供给i} \times a_{pi} \tag{6-2}$$

其中，A_i代表部门商品的市场价值的总量，a_i代表部门单位商品的市场价值（a_i与第一含义的社会必要劳动时间 t_1 同数量），a_{pi}代表其市场价格，$N_{必需i}$代表社会能够按市场价值 a_i 进行支付的商品量，$N_{供给i}$为实际生产量。当我们按照马克思的提示（“关于市场价值所说的……全都适用于生产价格”）用生产价格（ω_i）取代市场价值（a_i）之后，式（6-2）可以变为：

$$A_i = N'_{必需i} \times \omega_i = N_{供给i} \times a_{pi} \tag{6-3}$$

其中，A_i此时代表部门商品的（总）社会价值Ⅱ，即部门商品的生产价格总量。式（6-3）实际上就是我们在上一节中归纳的斯密的“商品的社会有效需求原理”的数学表达式，两者的含义是完全一致的。要特别注意，除了资本中等构成的部门生产的商品以外，对于资本构成高于或低于社会平均构成的部门生产的商品而言，都有 $N_{必需i} \neq N'_{必需i}$，而且正是由于两者差异的存在，才使得商品的生产价格（ω_i）偏离其（市场）价值（a_i），并且还能够在市场价格偏离生产价格的运动过程中维持住这种偏离。

我们已经将斯密的“商品的社会有效需求原理”的思想概括为式（6-1），将马克思对斯密“原理”的进一步深化与发展的思想概括为式（6-2）、式（6-3）。我们对“商品的社会有效需求原理”的新认识以及对“原理”的补充与完善就围绕着式（6-1）、式（6-2）进行分析与讨论。

第一，我们需要进一步弄清楚式（6-1）、式（6-2）中的 $N'_{必需i}$ 与 $N_{必需i}$ 的含义是什么？马克思对此讲得很清楚，$N'_{必需i}$ 就是社会对部门产品能够按生产价格（即等于“成本价格+平均利润”的特殊价格）进行支付的商品量（或供给量），$N_{\text{必需}i}$就是社会能够对部门产品按市场价值进行支付的商品量（或供给量）。两者（在一般情况下）是不相同的。比如，对农产品（假定它是由低资本构成的部门所生产的产品）而言，农产品按生产价格（比如 122 元）出卖的那个商品量（供给量）就比按市场价值（比如 140 元）出卖的商品量“丰裕”得多，即 $N_{\text{供给}i} < N'_{\text{必供}i}$，或者说，卖者之间的“竞争强度”要低得多（相反地，买者之间的“竞争强度”就要高得多）。

那么，$N_{\text{必需}i}$、$N'_{\text{必需}i}$即不同竞争强度的有效需求又是如何产生的？它们的源泉又是什么呢？斯密指出有效需求是由有效需求者的购买意愿与支付能力产生的。这与绝对需求即有购买意愿但无支付能力的需求不同。马克思对此有进一步的论述：

“这些产品之所以成为商品，即成为具有交换价值，具有可实现的、可以转化为货币的交换价值的使用价值，仅仅因为有其他商品成为它们的等价物，仅仅因为有作为商品和作为价值的其他产品同它们相对立；换句话说，仅仅因为这些产品并不是作为生产者本人的直接的生活资料，而是作为商品，即作为只有通过变为交换价值（货币），通过转让才变成使用价值的产品来生产的。由于社会分工，这些商品的市场日益扩大；生产劳动的分工，使它们各自的产品互相变为商品，互相成为等价物，使它们互相成为市场。”“一个产品的交换能力，一般说来，取决于在它之外存在的商品的多样性。另一方面，这个产品本身能够作为商品来生产的数量，尤其取决于这一点。”①

“固然，这种需要是由不断开辟新产业部门（反过来又扩大旧的生

① 马克思. 资本论（第三卷）[M]. 北京：人民出版社，1975：719.

产部门）而引起的，由此旧产业部门获得了新的市场，等等。其实生产本身就创造需要，它在同一生产部门里雇用更多的工人，并开辟新的生产部门，在新的生产部门中新的资本家又雇用新的工人，同时反过来又成为旧生产部门的市场。”①

马克思的意思是非常明确的，从表面上看，商品的有效需求是由有支付能力的有效需求者即买者的购买力决定的，但归根结底是由在社会分工条件下的其他生产者的有效需求决定的；由于社会分工，不同领域的生产者“各自的产品”“互相变为商品，互相成为等价物”，因而“互相成为市场”，即“互相提供商品的有效需求”。这些不同领域的生产者的“生产本身就创造需要（即有效需求）”。这就在更深的层次上揭示出 $N'_{必需i}$、$N_{必需i}$ 等不同竞争强度下的“有效需求”的来源。

第二，当我们弄清楚 $N'_{必需i}$ 与 $N_{必需i}$ 代表的商品有效需求的含义以后，我们就可以将劳动价值论的核心命题与“商品的社会有效需求原理”结合起来，从而得出劳动价值论具有现代意义的新命题，即一切劳动从一方面看，作为具体的、有用的劳动，它生产了一定数量（即 $N_{供给i}$）的商品的使用价值，并且在生产新商品的使用价值的同时，生产性地耗费了一定数量的其他生产资料商品；从另一方面看，作为撇开了劳动的具体形式的抽象劳动，它形成或创造了部门商品的价值总量 $A_i = N_{必需i} \times a_i$ 或 $A'_i = N'_{必需i} \times \omega_i$。

这个新命题揭示了“人类抽象劳动”在一定的竞争强度下创造了价值量 $A'_i = N'_{必需i} \times \omega_i$ 的新内容。由于此时的生产价格 ω_i 已成为商品价格规律的直接调节者，所以 A'_i 就是此时商品的社会价值，或者是商品代

① 中共中央马克思恩格斯列宁斯大林著作编译局. 马克思恩格斯全集（第四十六卷上）［M］. 北京：人民出版社，1979：402.

表的劳动量。

第三，式（6-1）、式（6-2）中的$N'_{必需i}$与$N_{必需i}$不能等于零，即它们是一个大于零的正整数。这是部门商品具有社会价值（或市场价值）的必要前提。如果$N_{必需i}$（或$N'_{必需i}$）= 0，那么无论投入了多少劳动、生产了多少商品（即$N_{供给i}$无论有多么大），商品的价格a_{pi}都等于0，因此部门生产的商品的（社会）价值总量A_i（或A'_i）也都等于0。不少学者都只注意到商品的有用性或商品的使用价值、“商品具有使用价值”是商品交换价值的“必要前提”，但没有注意这个使用价值还必须是“社会的使用价值”“必须（能够）通过交换，转到把它当作使用价值的人手中”①。更没有注意到马克思在《资本论》中特别强调过的，社会需要，即部门商品的“社会规模的使用价值”，对于社会总劳动时间的分配，“是有决定意义的”。它同“（单个）商品的使用价值，是它的交换价值的前提，从而也是它的价值的前提”有同等意义。马克思的意思非常明显，社会规模的使用价值（即等于$N_{必需i}$的使用价值），也构成了部门商品具有交换价值或价值的必要前提，只不过马克思没有明确地表述出来，也没有明确这个“社会需要”即“社会规模的使用价值”是否包括$N'_{必需i}$(即社会能够对产品按生产价格进行支付的那个商品的数量)，以及这个$N'_{必需i}$也是商品具有生产价格（它是商品此时的社会价值）的必要前提。

斯密没有突出“有效需求量”是商品具有交换价值（或自然价格）的必要前提，他更多地突出了商品的交换价值是随着社会对产品的“有效需求量”的提高而提升的。他指出，“在农业草创的时候，占全国绝大部分面积的未经改良的旷野，全都听任牲畜生长”，“那里一头牛的

① 马克思. 资本论（第一卷）[M]. 北京：人民出版社，1975：54，附注.

所值不比捕获它的劳动更多”，“鲜肉甚至和燕麦面包一样便宜，或者更便宜些”。当“由于耕种的扩大，未经改良的旷野变得不足以供应对鲜肉的需求”时，鲜肉的价格就得到了很大的提升，“现时一磅最好的鲜肉一般比最好的白面包所值更多；在丰收年成，有时值三磅或四磅”。①

“在农业草创时期”，牛的使用价值（有用性）对人是巨大的，但由于社会对牛的有效需求量很小或趋近于零，所以其交换价值也接近于零。

第四，要深刻理解式（6-1）所反映的对商品价格的双重调节机制。所谓双重调节机制的“第一重”是指维持或形成自然价格（或生产价格）的工资、利润和地租的“自然率”或“平均率”的调节机制；“第二重”是指当工资、利润和地租的“平均率”已经形成并趋于稳定时，那种维持部门商品的市场价格围绕其自然价格做上下波动的调节机制。这两种调节机制的作用是不一样的。

我们要特别注意自然价格的“第一重”调节机制。这种调节机制实际上就是自然价格的形成机制，它相当于马克思的“价值转形理论”，即关于生产价格、一般利润率形成机制的理论，是论述商品由一种“起调节作用的价格”（社会价值Ⅰ）向另一种“起调节作用的价格”（社会价值Ⅱ或生产价格）转化的机制。斯密认为，“如果在任何时候市场商品超过有效需求，其价格的某些组成部分所得的支付必然低于其自然率。如果那只是地租，地主的利润（益）必然促使他不久即撤回一部分土地；如果那是工资或利润，劳工或其雇主的利益会促使他们从这种用途中撤回一部分劳动或资本。送入市场的商品数量不久就会

① 斯密. 国富论（上）[M]. 杨敬年，译. 西安：陕西人民出版社，2001：148-150.

变得只足以供给有效需求。商品价格的所有组成部分均将升至各自的自然率，而商品的整个价格亦将升至自然价格”。“如果相反，送入市场的商品的数量在任何时候少于有效需求，它的价格的某些组成部分必然会高于自然率。”那么，地主、工人和资本家的利益将促使他们投入更多的土地、劳动和资本，这就必然增大市场上这种商品的供给，当供给量增加到足以供给有效需求（者）时，商品价格的所有组成部分将降低到自然率，“整个价格亦降到自然价格”。

斯密揭示了自然价格的形成、“自然率”的维持是由资本主义社会生产的 3 个当事人，即地主、工人和资本家为了自己的利益展开“竞争”的行为所造成的。这种“竞争行为”表现为他们将所拥有的生产要素不断地从直接生产过程中投入或撤出的运动。在市场上主要表现为资本家与资本家之间的相互购买，以及资本家与土地所有者之间的购买行为，表现为生产要素的正常使用、过度使用和闲置。正是这种“一定强度”的竞争行为，造成了商品的自然价格与（耗费劳动）价值稳定的偏离，支撑起自然价格的形成。也可以说是“平均利润率规律”与“价值规律”（还有地租规律）对价格运动的共同作用并达到平衡时才形成了商品的自然价格或生产价格。

斯密在论述商品的价格组成部分时提出了如下命题：在每一社会中，每一种商品的整个价格可以直接或最后分解为地租、劳动（工资）和利润 3 个部分。但一些学者却认为斯密的说法是错误的，“因为他看漏了生产资料的价值”。虽然斯密明确地指出了这些生产资料价值 C 也可以分解为地租、劳动（工资）和利润，但有些学者却认为斯密“实际上从一个生产部门逃到第二、第三乃至无数次生产过程……除非他能证明，生产最后的 C 时，没有使用任何劳动工具和原料，而只使用活劳动和不经劳动而存在的劳动对象。否则，他不断地推演下去，C 的值除了分解为 V 和 M 以外，还是要分解为 C 的。但这样一来，在大多数场合，大概要推演到人类只用一双手来生产的时候”。[①] 但是，笔者认为，如果价值是一种类似自然物质的实体而不是社会关系，那么要在数学上精确地表达商品价格的理论值可能就需要层层分解下去，但价值是一种社会关系，而且在资本主义社会，价值反映的是资本主义的生产关系，就不需要层层分解下去。事实上，只需要经过有限次的几次“分解”，就可以得出有意义的结论了：“资本主义社会的各种商品的价格不是孤立决定的，而是相互影响的；每一种商品的价格都是由劳动与‘社会过程’决定的；都是由资本主义生产过程的直接当事人即工人、资本家以及土地所有者的‘竞争行为’所调节的。”只有工人、资本家、土地所有者才是实体经济即物质产品生产的3个最直接的当事人。他们才是商品（首先是物质产品）价格的积极调节者：当工人的工资高于“自然率”的水平时，会有大量的工人涌入该行业（或增加劳动的投入时间）；当工人的工资长期低于“自然率”的水平时，工人会要求提高工资或退出该行业；当资本利润率低于“自然率”时，资本将“转投”到其他行业；当地租高于或低于其“自然率”时，地主也会采取行动，增加土地的供应或者是将土地闲置或改作他用。斯密认为，商品的价格表面上看是由供需决定的，但真正的调节者是与直接生产过程相关的工人、资本家和土地所有者（他们是工资、利润和地租的人格化的代表），正是他们内部的相互竞争以及3个阶级之间的竞争，形成了商品市场价格的波动中心，即商品的自然价格。

这里还有两点应该引起注意：一是斯密对工资、利润与地租的来源

---

① 陈其人.“亚当·斯密教条”批判［J］. 当代经济研究，2009（8）：1-5.

的认识是清楚的，它们是由工人的劳动在原料上增加的价值的3个组成部分，这是斯密对劳动价值论的坚持。二是斯密对商品价格的“第四部分”，即投入要素的不变资本部分也要受到工资、利润与地租的“自然率”调节的思想，实际上表明斯密心目中的“自然价格”已经是投入要素“自然价格化”情形下的“自然价格”了。

第五，如何将式（6-1）、式（6-2）所反映的对市场价格的两种调节机制统一起来。

一是将“第二重”调节机制看成是由同一部门内部的资本家的竞争行为完成的。马克思指出，“竞争通过它的第一种作用造成市场价值，即为同一生产领域的商品造成同一价值”，把形成自然价格（或生产价格）的“第一重”调节机制看成是由“不同（生产）领域的资本家之间的竞争”造成的。这种竞争“使资本从一个生产领域转移到另一个领域”。[①]

这种思路似乎是先有同一部门内（或同一生产领域内）一定强度的竞争，这种竞争行为的结果形成了商品的市场价值，然后才有不同的资本之间的竞争，这后一种竞争伴随着资本在不同的部门之间的“转投”，竞争的后果是形成生产价格与一般利润率（即斯密的利润“自然率”），即形成生产价格与市场价值之间的偏离。但问题在于，形成市场价值的同一领域的个别资本的竞争也包含着不同领域之间的资本的“转移”。[②] 由于银行信用的存在，这些资本之间的“转移”（“抽走”或“流入”）是分不清楚究竟是发生在同一部门内还是部门与部门之间的。

---

① 中共中央马克思恩格斯列宁斯大林著作编译局. 马克思恩格斯全集（第二十六卷 第二分册）[M]. 北京：人民出版社，1973：229.

② 马克思. 资本论（第三卷）[M]. 北京：人民出版社，1975：213.

二是从部门内部的个别资本（家）出发，这些个别资本（家）相互之间开展竞争，在一定的竞争强度下（表现为这些资本向市场上提供了$N_{必需i}$或$N_{必供i}$数量的商品），形成了部门商品的（社会）价值A_i（它等于$t_1 \times N_{必需i}$，其中t_1是生产单位纯劳动产品所花费的必要劳动量）；而在另外的一定的竞争强度下（表现为这些资本向市场提供了不同于$N_{必需i}$或$N_{必供i}$的数量的商品$N'_{必需i}$），就形成了商品的生产价格（或自然价格）ω_i，而部门商品的总价值A_i（代表的社会劳动量）就等于$N'_{必需i} \times \omega_i$。

由式（6-2）（即$A_i = N_{必需i} \times a_i = N_{供给i} \times a_{pi}$）可以看出，对纯劳动产品而言，$a_i = t_1$，就有：$A_i = N_{必需i} \times t_1 = N_{必需i}$（$c_i + v_i + m_i$），由于$N_{必需i}$与$t_1$都是一个固定量、常量，所以$A_i$也是一个常量，而$N_{供给i}$、$a_{pi}$却是一个可变量。设想$N_{供给i}$变化到等于$N'_{必需i}$的水平并稳定在这个水平上时，而$N'_{必需i}$是社会能够对部门商品按生产价格进行支付的商品数量，所以此时必有a_{pi}=生产价格ω_i并稳定在这个水平之上。而此时的这个等于ω_i的特殊价格a_{pi}就成为新的“起调节作用的价格”了。于是我们就将对市场价格的两重调节机制有机地统一起来了。

第二种思路强调的是从部门内部的个别资本（家）之间的竞争——包括部门内部与部门之间的资本的竞争——出发，它突出了资本的“转移”，突出了在不同的竞争强度下（而不是去区分在同一领域内与在不同领域之间的竞争方式）分别形成了商品的市场价值与生产价格。第二种思路是我们对传统思路的补充与完善。

第六，从$A_i = N_{必需i} \times t_1 = N_{供给i} \times a_{pi}$出发，我们可以发现“商品的社会有效需求原理”有四种表现形式。

第一种表现形式是式（6-2）本身，即社会对商品的有效需求量稳定在$N_{必需i}$时，商品的价格就以市场价值t_1为中心上下波动，或者说，与社会必要劳动时间 t_1 同数量的商品价格直接成为“起调节作用的价格”或调节价格规律的东西。

第二种表现形式是 $A = N_{必需i} \times t_1 = N_{供给i} \times a_{pi}$，当 $N_{供给i}$ 变化并稳定在 $N'_{必需i}$ 这个新的水平之上时，$A_i = N'_{必需i} \times \omega_i = N_{供给i} \times a_{pi}$，此时生产价格 ω_i 成为新的“起调节作用的价格”或“价格规律的调节者”，公式 $N'_{必需i} \times \omega_i = N_{供给i} \times a_{pi}$ 是市场价格围绕生产价格这个新的中心上下波动的表现。

第三种表现形式是 $A_i = N_{必需i} \times t_1 = N_{供给i} \times a_{pi}$，当 $N_{供给i}$ 变化并稳定在 $N_{供给(优等)i}$ 的水平上时，$N_{供给(优等)i}$ 是社会能够按商品的个别价值 $t_{优等}$（而不是 t_1 或 $t_{中等}$）进行支付的商品量，由于 $t_{优等} < t_{中等}$，所以 $N_{供给(优等)i} > N_{供给(中等)i}$，说明 $N_{供给(优等)i}$ 代表的供应量相对比较“充裕”，此时 $A_i = N_{供给(优等)i} \times t_{优等} = N_{供给i} \times a_{pi}$，商品的个别价值 $t_{优等}$ 或与它同数量的商品的价格就成为新的“起调节作用的价格”或“价格规律的调节者”。

第四种表现形式是 $A_i = N_{必需i} \times t_1 = N_{供给i} \times a_{pi}$，当 $N_{供给i}$ 变化并且稳定在 $N_{供给(劣等)i}$ 的水平上时，$N_{供给(劣等)i}$ 是社会能够按商品的个别价值 $t_{劣等}$（不是 $t_{中等}$ 或 $t_{优等}$）进行支付的商品量，由于 $t_{劣等} > t_{中等} > t_{优等}$，所以 $N_{供给(劣等)i} < N_{供给(中等)i} < N_{供给(优等)i}$，说明 $N_{供给(劣等)i}$ 代表的供应量相对比较“紧俏”，没有达到 $N_{供给(中等)i}$ 与 $N_{供给(优等)i}$ 那样“充裕”的程度，此时 $A_i = N_{供给(劣等)i} \times t_{劣等} = N_{供给i} \times a_{pi}$，个别价值 $t_{劣等}$ 或与它同数量的商品价格就成为新的“起调节作用的市场价格”或“价格规律的调节者”。

社会对部门产品的有支付能力的有效需求量是产品具有（社会）价值的社会性、必要性的前提，而社会有效需求量来源于处于社会分工体系内的各个生产领域的生产者（或各个独立资本）之间的一定强度的竞争行为，表现为他们向社会稳定地提供了一定社会规模的使用价值数量（如 $N_{必需i}$、$N'_{必需i}$、$N_{供给(优等)i}$、$N_{供给(劣等)i}$ 等），或者表现为社会对部门产品具有不同程度的通常的或稳定的有效需求量。这个“原理”成为商品价值理论的重要组成部分，具有十分重要的理论意义。

首先，“原理”可以使我们深刻理解马克思为什么要提出商品生产的“两个必须”（或“两个决不能”）原理。马克思在《剩余价值理论》第三分册中指出，“不管商品的费用价格等于、大于或小于商品的价值，只要商品的价值没有生产出来，就是说，只要生产商品所必要的物化劳动和直接劳动没有花费在商品上，商品是决不能生产出来的。这个劳动（不仅是有酬劳动而且是无酬劳动）量必须花费在商品上”。“利润，包括利润在内的费用价格，是（资本主义生产的基础上的）商品供给的条件。商品要生产出来，要进入市场，它至少必须为卖者提供这个价格，这个费用价格，而不管它本身的价值比这个费用价格大还是小。”①

这个劳动量“必须花费在商品上”，就是生产每个商品的必要劳动量 t_1（或价值量 a_i）必须花费在（这个）商品的生产上，少一点也不行，多一点就浪费了；同样地，生产一定量的商品（比如 $N_{供给i}$ 的商品）的必要劳动时间总量（$N_{供给i} \times t_1$）必须花费在这一定量的商品生产上，少一点也不行，多一点就浪费了。

“它至少必须为卖者提供这个价格”，是社会对产品的有效需求量必须达到 $N'_{必需i}$（或与之相等的 $N'_{必供i}$，下同）的水平，生产量如果高于这个水平（此时价格 a_{pi}<价值 a_i）必将造成浪费，而低于这个水平（价格 a_{pi}>价值 a_i）就还不是一个稳定的水平，生产量还将继续扩大。

将以上两个方面的论述综合起来就是：$A_i = N_{必需i} \times t_1 = N_{供给i} \times a_{pi}$ 与

① 中共中央马克思恩格斯列宁斯大林著作编译局. 马克思恩格斯全集（第二十六卷　第三分册）［M］. 北京：人民出版社，1974：84-85.

$A'_i = N'_{必需i} \times \omega_i = N_{供给i} \times a_{pi}$，也即是式（6-2）与式（6-1）表达的意思。

其次，我们还可以从“原理”出发，为理论界长期争论的“复杂劳动（它是创造性劳动的扩展形式或首先的转化形式）还原为多倍的简单劳动”的问题提供一个新的破解思路。在经典劳动价值理论中，复杂劳动（包括创造性劳动）何以能够在相同的劳动时间之内创造出更多的价值并未得到令人满意的说明与解释。这个“更多的价值”应指“更多的社会价值量”而不是商品所包含的价值实体，“耗费劳动量”并不一定等于“商品的价值量”，部门商品的价值量 $A_i = N_{必需i} \times t_1$，对于复杂劳动还原为多倍的简单劳动问题有一个新的理解：社会对复杂劳动产品或凝聚复杂性劳动的比例较高的产品的社会需求量普遍比较高，即 $N_{必需i}$ 比较大，所以耗费相同的劳动时间，生产的社会价值量 A_i 就比较多。用斯密与李嘉图的语言来表述就是，这些复杂劳动产品比较“稀缺”，社会有支付能力的有效需求者愿意为它们支付比较高的价格，并不一定是因为复杂劳动的“劳动密度高”或“脑力消耗大”。如果社会对复杂劳动产品的有效需求量 $N_{必需i} = 0$，那么这个复杂劳动产品无论花费了多少复杂劳动（及与之配套的简单劳动量），无论它的“劳动密度”有多么高，耗费了多少脑力，无论劳动的创新性有多么强，它的社会价值也为零，因为它已失去了交换价值的必要的、社会性的前提条件，只能成为无人问津的产品或作为一种“知识”产品而存在。创造性劳动、复杂劳动与简单劳动及其产品之间的“质”的差异（以及它们在创造价值的效能方面的差异）是客观存在的，否认它们之间的明显差异，是取消了对问题的研究而不是解决问题。正确的做法是将创造性劳动、复杂劳动与简单劳动及其产品之间的“质”的差异性（包括在创造现代商品价值效能方面的差异性）与商品的有效需求原理有机地结合起来进行思考。

再次，依据“商品的社会有效需求原理”，我们还可以对所谓非劳动产品的交换价值的来源问题有新的认识。这里所谓的非劳动产品，只是一种简单化的或极端的说法，这种“产品”只要提供到市场上来，总是要花费一定量的（哪怕是少量的）劳动的，只是这些非劳动产品中凝聚的或包含的劳动量的比例相对于它的交换价值（代表的劳动量）较低而已。因此，我们应将非劳动产品视为包含耗费劳动量的比例相对较低——反过来说就是包含的“虚拟的社会价值”的比例相对较高——的“产品”。比如未开垦的土地，在市场上售卖，总要花费一定的劳动量的（比如土地的测量、确权、登记、文书的制定等方面所投入的劳动），更不用说经过改良后的农用地或经过改造且已经能确保“三通一平”的城市商业用地了，这些农用地与城市商业用地无疑凝结着大量的劳动，只不过这些物化的劳动量与它们的交换价值量（即代表的社会劳动量）不成比例。这些土地产品的交换价值中包含着大量的“虚拟的社会价值”，因此，这些产品被称为“非纯劳动产品”。土地等非纯劳动产品的交换价值的来源在哪里？马克思对此有过论述，他指出：“自然要素，例如水、土地、矿藏等，它们被占有，从而具有交换价值，因此作为价值列入生产费用。”“只有与资本相适应而变化了的地产形式（或者作为决定价值的量的自然要素），才属于资产阶级经济学体系考察的范围。”[①]“必须牢牢记住，那些本身没有任何价值，即不是劳动的产品的东西（如土地），或者至少不能由劳动再生产的东西（如古董，某些名家的艺术品等）的价格，可

① 中共中央马克思恩格斯列宁斯大林著作编译局. 马克思恩格斯全集（第四十六卷下）[M]. 北京：人民出版社，1980：228.

以由一系列非常偶然的情况来决定。要出售一件东西，唯一需要的是，它可以被独占，并且可以让渡。”①

马克思的论述表明，非纯劳动产品具有交换价值的首要条件是它们已经被占有或被独占。这一点与李嘉图的认识是一致的。李嘉图揭示了一个重要的经济学原理，即社会分配关系的改变（表现为水和土地等自然资源被一些人独占）将使非劳动产品具有交换价值。非纯劳动产品具有交换价值的另一个条件是它可以被让渡。

怎样才能够使非纯劳动产品“可以让渡”成为商品呢？那就还需要存在另外一个重要条件，社会对这些非纯劳动产品（以及相关的产品）产生了一定的、足够的有效需求量（即$N_{必需i}$必须大于零），也即社会上存在着对该种非纯劳动产品（比如土地）有支付能力的有效需求者。他们愿意用货币或其他劳动产品去购买或交换这些非纯劳动产品。如果$N_{必需i}=0$，那么即使土地被独占，或者土地的品质优良，那么它们的交换价值仍然等于零。因此，只有将这两个条件结合起来，我们才会对非纯劳动产品的社会价值的来源有更全面的认识。②

最后，依据“商品的社会有效需求原理”，我们还可以对“商业工人的劳动是不是创造价值的劳动的问题”产生新的认识。我国政治经济学的教科书或辞典的传统观点认为，商业工人的劳动不创造价值和剩余价值，他们仅仅是“转移”生产领域的工人创造的价值与剩余价值，或者说，他们仅仅是“实现了”生产领域创造出来的价值与剩余价值。这就是所谓的“商业劳动价值实现论”。

---

① 马克思. 资本论（第三卷）[M]. 北京：人民出版社，1975：714.

② 马克思讲的将自然要素转变为“与资本相适应的形式”也非常重要，如将土地转变为所有权或使用权证书以及房地产形式，将古董转变为由社会权威机构提供鉴定证书并明确了持有者具有合法所有权的证书的可售卖的形式。

但是，如果从“商品的社会有效需求原理”出发来思考这个问题，就会发现这个所谓“实现论”的局限性以及其中存在的问题了。

所谓创造价值，并不是指单纯耗费了多少必要劳动量，而是指创造了多少社会价值量（或价值增量、价值产品），后者是与社会对该种产品的有效需求量即 $N_{必需i}$ 密切相关的。如果社会对产品的有效需求量 $N_{必需i}=0$，那么无论在产品的生产上耗费了多少劳动，商品的社会价值也为零。$N_{必需i}$ 在一定的条件下虽然是一个稳定量、常量，但它作为一个参变量，也是可以发生变化的，正像西方经济学中的价格可以沿着需求曲线变动，而需求曲线在一定的条件下也可以整体移动的情形一样，比如由 $N_{必需i}$ 变动到 $N'_{必需i}$ 并稳定在 $N'_{必需i}$ 这个新的水平上。笔者认为，正是商业工人的劳动提高了社会对产品的有效需求量，从而提升了产品的社会价值，并创造了商品的社会价值与剩余价值增量。如果产品躺在工厂的仓库中，社会对产品的有效需求量为 $N_{必需i}$，而通过商业工人的劳动，产品获得了新的使用价值，即“使产品获得了新的消费形式”，那么社会对产品的有效需求量就提高了，变为 $N''_{必需i}$ 了，并且 $N''_{必需i}>N_{必需i}$，从而 $A'=N''_{必需i}\times t'_1 \gg N_{必需i}\times t_1$，其中的 t'_1 大于 t_1，是因为加入了商业工人的劳动。实际上，马克思对此也有论述，他指出：“商业使产品获得新的使用价值（这一点一直到零售商人都适用，他们称、量、包装，从而使产品获得适于消费的形式），这种新的使用价值花费劳动时间，因而同时是交换价值。”①

不过，马克思没有提到商业工人的劳动对商品有效需求量的“推高”作用产生了对商品交换价值的“提升”作用。我们认为社会对这

① 中共中央马克思恩格斯列宁斯大林著作编译局. 马克思恩格斯全集（第四十六卷下）[M]. 北京：人民出版社，1980：141.

种新的使用价值的有效需求量一定高于社会对原来的使用价值，即工厂刚生产出来、躺在仓库中等待“提货”或“趸卖”的产品的有效需求量。这里的关键点是：每一生产领域（包括商业“生产”）工人创造的社会价值量是 $A_i = N_{必需i} \times t_1$（或 $N'_{必需i} \times \omega_i$，$N''_{必需i} \times a_{调节}$……，这里的 $a_{调节}$是“起调节作用的价格”，它可以是商业零售价格或农产品的足够价格)，而不仅仅是与所消耗的必要劳动量“相当的”价值量。商品展示、商业广告、遍布城乡的销售网络、售后服务等做法，无疑能够对提高社会对商品的有效需求量发挥巨大的作用。

第七章

经典劳动价值论存在的问题

一、商品价值“相等”的推理逻辑

在前面的章节中，我们通过分析恩格斯的论述，揭示了什么是商品价值概念的本义，指出它无非“调节商品价格运动规律的东西”，是“起调节作用的价格”，是商品交换的基础或依据。那么，这个“起调节作用的价格”的高度（或“社会价值”的大小）又是由什么决定的呢？经典劳动价值论给出的明确答案是：这个“高度”或价值量是由生产商品所花费的（社会）必要劳动时间决定的。这是经典劳动价值论的核心命题。这个核心命题也等价于：判断一定量的异质性商品 A 与另一定量的商品 B 的价值“相等”，其依据是这一定量的商品 A 与另一定量的商品 B 中包含的（社会）必要劳动时间量相等。

学术界公认配第最先确立了经典劳动价值论的框架。配第不仅在经济学史上最早区分了价值和价格，而且明确地提出了“商品的价值取决于它所包含的劳动时间”这一核心命题，他也因此被马克思誉为“英国古典政治经济学的创始人”。配第不仅认识到商品的（社会）价值就是商品的“自然价格”，而且也认识到了商品价值的源泉。他指出：“假定有人从秘鲁地下获得 1 盎司银并带到伦敦来，他所用的时间和他生产 1 蒲式耳谷物所需要的时间相等，那么前者就是后者的自然价格。”而且配第明确地指出，“劳动种类的差别在这里是毫无意义的——一切都取决于劳动时间”。[①]

配第明确指出了一种商品的（社会）价值是由生产它们并把它们带到市场上来所耗费的总劳动时间决定的，商品的交换就是以它们所包含的劳动时间量为依据的。这是对“劳动产品（商品）值什么”的第一次明确回答，揭示了“劳动时间”是“各种（异质性商品）价值相等和权衡比较的基础”。

斯密在研究商品价值理论时，第一次明确区分了商品的使用价值与交换价值。他指出：“应当注意，价值一词有两个不同的意义。它有时表示某一特定物品的效用，有时又表示由于占有该物品时所带来的购买其他货物的力量。前者可称为‘使用价值’，后者可称为‘交换价值’。”

借助于“钻石和水的悖论”，斯密揭示了使用价值与交换价值的区别：

“具有最大使用价值的东西，常常很少或根本没有交换价值；反之，具有最大交换价值的东西，常常很少或根本没有使用价值。没有什么比水更为有用，但不能用它购买任何东西，也不会拿任何东西去和它交换。反之，钻石没有什么用途，但常常能用它购买到大量的其他货物。”[②]

在探讨价值概念时，斯密把价值形成的概念推广到社会劳动的一切领域。他认为，形成价值的，既不是商业的，也不是农业的，甚至不是工业的（劳动），而是一般的劳动。“创造价值的，是一般的社会劳动

① 中共中央马克思恩格斯列宁斯大林著作编译局．马克思恩格斯全集（第二十六卷第一分册）［M］．北京：人民出版社，1973：64.

② 斯密．国富论（上）［M］．杨敬年，译．西安：陕西人民出版社，2001：29.

（不管它表现为哪一种使用价值），仅是必要劳动的量”，[①] “是获得它时所付出的辛苦和麻烦”。

李嘉图第一次明确区分了“两类商品的价值”。

第一类是“这类商品的价值单由它们的稀少性决定”的商品。[②] 第二类是指单纯的劳动产品。他指出：“说到商品，商品的交换价值以及规定商品相对价格的规律时，我们总是指数量可以由人类劳动增加、生产可以不受限制地进行竞争的商品。”[③]

李嘉图明确地指出经典劳动价值论的适用范围与研究对象，即单纯由耗费劳动量决定价值的产品为纯劳动产品或全劳动产品，其含义是：只要投入或耗费一定量的必要劳动，这些纯劳动产品就会不受限制地被生产出来或被创造出来，因而这些纯劳动产品仅仅代表一定量的物化劳动。李嘉图指出，“商品（纯劳动产品）的价值或其所能交换的任何另一种商品的量，取决于生产商品所必需的相对劳动量，而不取决于付给这种劳动的报酬的多少”，并且强调“除开不能由人类劳动力增加的东西以外，这一点，实际上是一切交换价值的基础，这是政治经济学上一个极端重要的学说。因为在这个科学中，造成错误和分歧意见最多的，莫过于有关价值一词的含糊观念”。[④]李嘉图是古典政治经济学以及古典劳动价值论的完成者。他把“商品（纯劳动产品）的价值由其生产所花费的必要劳动时间决定”的原理牢固地树立起来。

两个不同的商品价值量相等，是因为它们各自包含的必要劳动量（价值实体）相等。也就是说，是先有两个不同的商品包含的劳动量相

---

① 中共中央马克思恩格斯列宁斯大林著作编译局．马克思恩格斯全集（第二十六卷　第一分册）［M］．北京：人民出版社，1973：64.

② 这类商品其实就是马克思后来规定的含有极高比例的“虚假的社会价值”的商品。

③④ 李嘉图．政治经济学及赋税原理［M］．北京：商务印书馆，1997：8-9.

等，然后才有两个不同商品的价值量相等；商品包含的劳动量是与价值量同数量的，而且还隐含地假定了计量生产商品所耗费的社会必要劳动时间（从而计量商品的价值量）是毫无困难的。

二、商品价值的计量问题

如果商品的价值是由生产商品所花费的必要劳动时间决定的，那么，就必然要求这个必要劳动时间量能够先于商品的价值量被独立地测量出来，然后再由这个劳动量来决定商品的价值量，即是决定商品与其他商品交换的比例量。同样地，两种不同的商品的价值量“相等”，是因为两种商品包含的价值实体（即耗费的必要劳动量）“相等”，必然要求商品所包含的必要劳动量能够预先独立地测量出来。但市场经济的现实情况却是，这个商品所包含的必要劳动量是根本无法在直接生产过程中用任何物理的方法加以确定（即计量）的，而只能在“交换过程”中，在“竞争过程”中被确定。那么，在交换、竞争过程中，商品与商品之间的交换比例如何确定呢？按照经典劳动价值论，应该由社会必要劳动时间的相对量决定，这里边就明显地包含着循环论证的困难与矛盾。

（社会）必要劳动时间决定商品的价值，而作为交换价值，商品没有任何其他实体，没有自然属性，因而必要劳动时间就成为交换价值的实体，[①] 换句话说，社会必要劳动时间量与（社会）价值量两者是相一致的，因此，商品价值的计量问题也可以归结为商品的价值量或社会必要劳动时间的计量问题。

首先，商品的价值量与社会必要劳动时间难以计量的问题表现在投

① 中共中央马克思恩格斯列宁斯大林著作编译局．马克思恩格斯全集（第四十六卷　上）［M］．北京：人民出版社，1979：116.

入商品生产过程中的各种间接劳动量难以计量。比如，配第所举的著名例子，假如有人从秘鲁地下获得 1 盎司白银并带到伦敦来，他用的时间（工作日）就没有考虑生产白银所必需的劳动工具与设施的损耗所代表的劳动，也没有考虑从秘鲁到伦敦完成运输任务所需要搭乘的交通工具（轮船、马车等）的损耗所体现的劳动，以及水手和驾驶员的间接劳动所作的贡献等。配第仅考虑了白银生产者、携带者的直接劳动，省略了许多与生产过程相关的间接劳动。

其次，商品的价值量与社会必要劳动时间难以计量的问题表现在当商品的社会价值量明显大于生产商品的必要劳动量时，商品的社会价值如何计量。比如，马克思《资本论》第三卷第 745 页的举例中，生产 10 夸特小麦的必要劳动时间等于 240 先令，而 10 夸特小麦的社会价值却等于 600 先令。这 600 先令的社会价值不是由 10 夸特小麦所包含的社会必要劳动时间量决定的，而只能由“社会过程”所决定。① 这个“社会过程”是如何计量商品价值量的，经典劳动价值论者并未提供更详细的阐述。

三、异质性劳动产品的价值决定问题

在商品发展为现代商品以后，生产商品或创造商品价值的劳动的异质性因素更加突出了。所谓的劳动异质性，既包括由劳动的主观因素所引起的劳动异质性，比如，由熟练劳动、强度大的劳动、复杂劳动、创造性劳动等不同性质的劳动所引起的异质性；也包括使用先进生产条件所引起的劳动异质性，比如，一般性劳动（即简单的抽象劳动）与先进

① “产品（也包括土地产品）市场价值的决定，是一种社会行为，虽然这是一种不自觉的，盲目的社会行为”（马克思．资本论（第三卷）［M］．北京：人民出版社，1975：745.）。

的技术设备相结合，即普通劳动者使用创造性物化劳动所引起的“总体劳动”的异质性。

包含着异质性劳动因素的异质性劳动产品的价值决定问题，一直困扰着劳动价值论者，也是劳动价值论的反对者质疑劳动价值论的一大着力点。

斯密说：“劳动虽然是所有商品交换价值的真实尺度，商品的价值却并不是用劳动去衡量的。常常难以确定两种不同数量的劳动之间的比例。单在两种不同工作上所花费的时间，并不总是能够确定这种比例。工作时所能忍受的不同程度的艰难，以及所运用的不同程度的智巧，也必须考虑到，1 小时的艰苦工作比 1 小时的容易工作可能包含更多的劳动；或者说，要花费 10 年才能学会的行业，比起普通的平常职业来说，前者 1 小时的操作比起后者 1 个月的勤劳可能包含更多的劳动。对于艰难和智巧，不可能找到任何精确的衡量方法。诚然，在不同种类的劳动的不同产品互相交换时，普通人也对艰难和智巧作出相当的认可。可是，这不是用任何精确的尺度来调节的，而是通过市场上的讨价还价，根据足以使普通生活和日常业务得以进行大致而不是精确的平等。”①

李嘉图完全赞同斯密的观点。他指出：“当我说劳动是一切价值的基础，相对劳动量几乎唯一的决定商品的相对价值量的因素时，决不可认为我忽视了劳动的不同性质，或是忽视了一种行业一小时或一天的劳动与另一种行业同等时间的劳动相比较的困难。为了实际的目的，各种不同性质的劳动估价很快就会在市场上得到十分准确的调整，并且主要取决于劳动者的相对熟练程度和所完成工作的劳动强度。估价的尺度一

① 斯密. 国富论（上）[M]. 杨敬年，译. 西安：陕西人民出版社，2001：31-32.

经形成，就很少变动。”“宝石匠一天的劳动比普通劳动者一天的劳动的价值更大。”①

马克思这样论述抽象劳动的异质性：“简单平均劳动虽然在不同的国家和不同的文化时代具有不同的性质，但在一定的社会里是一定的。比较复杂的劳动只是自乘的或不如说多倍的简单劳动，因此，少量的复杂劳动等于多量的简单劳动。经验证明，这种简化是经常进行的。一个商品可能是最复杂劳动的产品，但是它的价值量使它与简单劳动产品相等，因而本身只表示一定量的简单劳动。各种劳动化为简单劳动的不同的比例，是在生产者背后由社会过程决定的，因而在他们看来，似乎是由习惯决定的。”②

“比社会平均劳动较高级较复杂的劳动，是这样一种劳动力的表现，这种劳动力比普通劳动力需要较高的教育费用，它的生产要花费较多的劳动时间，因而它具有较高的价值。”“既然劳动力的价值较高，它也就表现为较高级的劳动，也就在同样长的时间内物化较多的价值。”“在每一个价值形成的过程中，较高级的劳动总是要化为社会平均劳动，例如，一日较高级的劳动物化为 x 日简单劳动。”③

“生产力特别高的劳动起了自乘的劳动的作用，或者说，在同样的时间内，它所创造的价值比同种社会平均劳动要多。”④

“强制缩短工作日，有力地推动了生产力的发展和生产条件的节约，同时迫使工人在同样的时间内增加劳动消耗，提高劳动的紧张程度，更紧密地填满劳动时间的空隙，也就是说，使劳动凝缩到只有在缩短了的工作日才能达到的程度。这种压缩在一定时间内的较大量的劳动，现在

①③④　李嘉图. 政治经济学及赋税原理［M］. 北京：商务印书馆，1962：15.

②　马克思. 资本论（第一卷）［M］. 北京：人民出版社，1975：58，223-224，354.

算作较大的劳动量。”“现在，十小时工作日中一个较紧张的小时，同十二小时工作日中一个较松弛的小时相比，会包含相同的或者更多的劳动，即已耗费的劳动力。因此较紧张的一小时的产品同较松弛的一小时的产品相比，会具有相同的或更多的价值。”①

“不同的国家在同一劳动时间内所生产的同种商品的不同的量，有不同的国际价值，从而表现为不同的价格。”“强度较大的国民劳动比强度较小的国民劳动，在世界市场上也被算作强度较大的劳动。”②

劳动价值论的反对者提出了意见。他们指出论证异质性劳动产品的价值决定问题时包含着循环论证。例如，庞巴维克指出“研究的课题是商品的交换关系，例如，为什么一座花费了雕塑家1天劳动的作品将交换花费了碎石工5天劳动的一车石头，而不是交换碎石工10天或3天劳动的石头？马克思是怎样解释这个现象的呢？他说，交换关系是这样而不是其他，乃是因为雕塑家1天的劳动恰好折算成5天的普通劳动。为什么恰好是5天的劳动呢？因为经验表明那是由‘社会过程’来折算的，这个社会过程是什么呢？必须加以解释的同样是过程，即通过它使雕塑家1天的劳动的产品价值等于5天普通劳动的产品价值。但是，如果事实上它通常仅仅是同简单劳动3天的产品相交换，马克思就会同样要我们接受1∶3这个来自经验的比率，并以此为基础来解释一座雕塑品在交换中必定恰好等于碎石工3天劳动的产品——不多也不少。简而言之，以这个方式我们绝对搞不清楚不同种的产品依照某种比例交换的真实原因。马克思告诉我们说，他们会以这种方式进行交换，因为，尽管是以稍微不同的话来说，按照经验，它们就是这样交

①② 李嘉图. 政治经济学及赋税原理［M］. 北京：商务印书馆，1962：15.

换的”。①

如果我们对异质性劳动无法计量，又怎么断言异质性劳动产品的价值量是由它所包含的劳动量决定的呢（当然，在这种情况下，我们仍然能够断言异质性劳动产品及其价值是由异质性劳动创造的，比如，雕塑品是由雕塑家这个复杂劳动、创造性劳动主体创造的，但无法说清楚它的价值量，即它与其他商品交换的比例量是由异质性劳动量决定的）。如果说先有雕塑家用 1 天的劳动产品去交换碎石工 5 天的劳动产品，然后才说这是因为雕塑家 1 天的劳动等于碎石工 5 天的劳动，再用这个比例去说明两种异质性劳动产品的交换比例，这里边确实包含着循环论证的问题。有的学者认为，“复杂劳动与简单劳动之间的比较和折算也是一个客观事实”“是一种市场行为”“是有客观依据的”。因而认为庞巴维克的批评“是没有道理的”。

我国理论界将异质性劳动产品的价值决定问题归结为复杂劳动的还原问题，即复杂劳动化简为多倍的简单平均劳动的问题。复杂劳动还原问题在我国引起了激烈的争论。有学者指出：“如果我们像复杂劳动的还原研究那样将不同复杂劳动的异质性引入无差别的人类劳动之中，那么无差别的人类劳动就变成了有差别的人类劳动，劳动时间也就变成了有差别的劳动时间，劳动时间也就不能再作为量度商品中凝结的劳动量以及由此决定的商品价值量的单一尺度，这样，一切包含着把持续时间作为量度劳动量与价值量的单位的劳动价值论的基本原理就将失去效力，而劳动价值论也将因此面临着整体崩溃的危险。”②

---

① 晏智杰. 劳动价值论新探［M］. 北京：北京大学出版社，2001：280-281.

② 赵庆元.《马克思劳动价值论及其现代阐释》［M］. 北京：经济科学出版社，2012：204。

四、社会必要劳动时间的计量

恩格斯指出："如果我说，这只表和这块布价值相等，这两件物品中的每一件的价值都等于50马克，那我就是说，在这只表、这块布和这些货币中，包含着等量的社会劳动。因此，我确认，它们代表的社会劳动时间是以社会的方式计量的，而且被看作是相等的。但是这种计量，不像通常用劳动小时或工作日等来计量劳动时间那样，是直接的、绝对的，而是迂回的、以交换为中介来进行的，是相对的。因此，即使这一确定数量的劳动时间，我也不能用劳动时间表现出来，因为我不知道劳动小时的数目，而同样只能迂回地、相对地通过另外一个代表等量的社会劳动时间的商品把它表现出来。一只表的价值和一块布的价值相等。"①

恩格斯的重要论述说明：

（1）商品中包含的社会必要劳动时间（商品的价值量）的测定或计量根本不是按照物理的方式来计量的，而是由其他方式计量的，尽管社会必要劳动时间的单位从表面上看使用的是物理单位劳动小时或工作日。即使可以确定商品中包含了一定确定数量的劳动，我们也不能用劳动小时表现出来，因为我们仍然不知道劳动小时的数目。生产商品的社会必要劳动时间是难以计量的。

（2）这种其他方式是以社会的方式计量的，即是迂回的、以交换为中介来进行的，是相对的。与此相应，恩格斯将按照物理学的方式的计量（劳动时间）称为绝对的、直接的计量。它只有理论上的意义。

① 中共中央马克思恩格斯列宁斯大林著作编译局. 马克思恩格斯选集（第三卷）[M]. 北京：人民出版社，1995：658.

（3）恩格斯的以社会的方式计量与马克思在《资本论》第一卷中讲的“按一定的社会规律计量劳动量”的思想是基本一致的。

恩格斯的论述中也包含着循环论证的问题。恩格斯的推理逻辑是：1只表与1块布包含的社会劳动量相等，所以这只表和这块布的价值相等。但由于这只表和这块布中包含的社会必要劳动时间不能通过直接的、绝对物理学的方式来测定，而只能通过迂回的、以交换为中介的方式来进行测定，这等于是说，社会必要劳动时间决定商品的价值或商品与其他商品的交换比例，但这个必要劳动量本身又要以交换为中介，即通过商品交换来测定、计量。这里边确实包含着明显的循环论证问题，除非我们能够揭示这个以交换为中介的社会方式或社会过程的具体细节。

恩格斯的重要论述给我们的启示：

一是社会必要劳动时间的计量是以社会的方式而不是以物理的方式计量的，必须将研究的着力点放在破解什么是“以社会的方式”或“以交换为中介”，什么是“社会过程”“社会行为”上，并弄清楚它们的具体细节。

二是恩格斯讲“这只表和这块布价值相等”，因此，它们“包含着等量的社会劳动”，而1只表和1块布之所以价值相等，是因为它们能够与等量的货币（50马克）相交换（即它们的价值都等于50马克）。

恩格斯这里的论述可以概括为交换公式：1只表=50马克=1块布，如果我们将其分解为：1只表=50马克=1只表，1块布=50马克=1块布，50马克=1只表=50马克，50马克=1块布=50马克，4个公式与系列交换行为，这4个交换行为是持续的、稳定的交换行为，这4个交换公式都是等价值交换公式。因为4个交换公式的最左端与最右端是同种类、同数量的纯劳动产品，在生产技术条件不变的假定条件下，它们的价值量与包含的必要劳动量显然是相等的。这样，我们不用物理的方式只考察生产者之间的交换行为（或社会行为）就可以判断出两种或多种物品包含的必要劳动量从而确认其价值量是否相等了。这对我们破解什么是“以社会的方式”计量商品的价值量与社会必要劳动时间量的机制有重要的启迪意义。

第八章

经典劳动价值论问题的突破

经典劳动价值论包含着循环论证的问题，其根源在于商品中包含的社会必要劳动时间难以用物理的方式直接地、绝对地加以计量。受恩格斯关于应该用“社会的方式”“以交换为中介”计量社会必要劳动时间量，从 1 只表和 1 块布的价值相等到它们包含着等量的社会劳动的逆向推理方式的启发，我们也可以将推理的逻辑反过来，先论证什么是两种异质性的纯劳动产品的“等价（值）交换形式”，或如何判断一定量的两种异质性的纯劳动产品的“价值相等”（两者是一回事），然后在此基础上再来讨论纯劳动产品包含的社会必要劳动时间的计量问题，从而破解什么是“以社会的方式”计量商品的（社会）价值之谜。作为突破难题的第一步或理论准备，我们先讨论纯劳动产品的等价（值）交换形式理论。

所谓纯劳动产品（或全劳动产品），就是李嘉图的经典著作中讲的第二类商品，即可以单纯由劳动决定其价值量的劳动产品。“只要我们愿意投下获取它所需要的劳动，这类物品就可以不但在一个国家中，而且可以在许多国家中几乎没有限定地增加。”简单地说，就是指数量可以由人类劳动增加，生产可以不受限制地进行竞争的商品。这类商品的特点是其交换价值几乎完全取决于各商品所费的相对劳动量。对这类商品而言，劳动的尺度就是价值的尺度。因而这类商品按性质来说都是劳动，是客体化的劳动。[①] 因此，对纯劳动产品而言，它代表的仅仅是一定数量的物化劳动，或者说，只要我们投入一定量的（过去的与直接的）劳动，这些商品就可以不受限制地生产出来，因而只要我们能够预先用某种方法确定两种商品的社会价值相等，就可以同时确定生产它们所耗费的或所代表的、所包含的社会劳动量相等。

一、简单的等价（值）交换形式

注意，我们不能通过一定数量的商品 A 与另外一定数量的商品 B 中所包含的社会必要劳动时间量相等来确定商品 A 与商品 B 的价值量相等，因为我们没有办法预先用独立的、直接的方法去测量生产它们所耗费的必要劳动时间量。这意味着从简单的交换等式“一定量的商品 A = 另一定量的商品 B”出发是不行的。

但是，如果我们转换思路，考察以下的循环交换等式：

x 量商品 A = y 量商品 B = x 量商品 A，或 x 量商品 A“值”y 量商品 B（20 码麻布 = 1 件上衣 = 20 码麻布，或 20 码麻布“值”1 件上衣）；[②]

一切“等价（值）交换形式”的秘密都隐藏在这个简单的“循环交换关系式”中。[③]

这个简单的循环交换关系式（简称“简单的交换关系式”或“交换形式”）实际上包括两次交换：①x 量商品 A = y 量商品 B；②y 量商

① 中共中央马克思恩格斯列宁斯大林著作编译局. 马克思恩格斯全集（第四十六卷下）[M]. 北京：人民出版社，1980：17.

② 在本章中，“=”代表“可交换（到）”或“可以持续地交换（到）”的意思，A、B、C 代表不同的商品种类。

③ 马克思《资本论》第一卷第一章中的价值形式理论是从“x 量商品 A = y 量商品 B”（20 码麻布 = 1 件上衣或 20 码麻布“值”1 件上衣）这个最简单的价值形式出发的。

品 B = x 量商品 A。

我们考察的问题是：商品所有者甲用 x 量的商品 A 去交换商品所有者乙的 y 量商品 B（或 1 件上衣），如何才能保证交换是“公平的”，是“等价（值）的交换”呢？即如何保证交换关系式①中的“等号”成立？

显然，其充分必要条件是交换关系式②也同时成立，即甲也可以用上次交换到手的 y 量商品 B 从乙手中或从市场上（在一定的时间范围之内）交换回来同样的 x 量商品 A，社会承认这样的交换关系是“公平的”，是符合平等的、正义的原则的（这样的交换关系如果能够稳定下来，是可持续的，就会成为对生产者的行为“起调节作用的交换比例”）。如果在稍后一段时间内，甲只能交换回低于 x 量的商品 A，甲一定会觉得在上一次交换中吃“亏”了，不是“等价（值）的交换”。反之，在稍后的时间内，甲从市场上用上次交换到手的 y 量商品 B 交换回来高于 x 量的商品 A，甲一定会觉得自己在上一次交换中“赚”了，而此时乙一定会觉得在上一次交换中自己吃“亏”了，显然，这也不是“等价（值）的交换”。正因为“循环交换等式”的最左边与最右边是同一种类、同样性质、同质量的商品，它们才确保了“循环交换等式”是“等价（值）的交换等式”。

“x 量商品 A = y 量商品 B = x 量商品 A”（或 20 码麻布 = 1 件上衣 = 20 码麻布）的“循环的等价（值）交换形式”在现实生活中广泛地存在。

比如，平原地区的农户甲的水稻先行收获，农户甲手中有大量的剩余谷物，需要花费一定的成本费用去储藏与保质，而此时高山区的农户乙的水稻尚未收割，农户乙很可能缺粮。因此，可能发生平原区的农户甲先用 x 量的谷物去交换高山区农户乙 y 量的烟叶或食盐等；然后在下一个季节农户甲缺粮时，又用上次交换到手的、易保管的烟叶或食盐向农户乙或从市场上交换回来 x 量的谷物。农户甲、农户乙以及社会都承认这是一种对双方都有利的“公平的”或“等价（值）的交换”（其交换公式对农户甲而言是：x 量的谷物 = y 量的烟叶或食盐 = x 量的谷物。对农户乙而言交换公式是：y 量的烟叶或食盐 = x 量的谷物 = y 量的烟叶或食盐）。

又如，当平原地区先进入收割或插秧的农忙季节时，高山区还未进入农忙季节，高山区的农民一般会到平原区“打工”。农民的待遇或报酬是每个工作日的工资为 50 元，中午吃一顿午餐，有肉、鸡蛋以及 1 瓶啤酒，每个工人 1 天 1 包香烟，劳动的定额也是大致固定的，比如每个壮劳动力每天需收割 2 亩水稻或插秧 2 亩。而到了高山区的农忙季节时，平原地区的农民又会到高山区去“打工”，1 个工作日的工资也是 50 元，午餐的招待标准也是一样的。这也是一种社会承认的“公平的”或“等价（值）的交换”。但是，如果我们硬要去计量这两个不同的工作日（它们分别由平原区、高山区的农民甲或乙完成）中物化的劳动量（包括作为报酬一部分的午餐中的肉、鸡蛋、啤酒、香烟等物品与工资中物化的劳动量）是多少，既无必要，也是不太可能的。硬要说这两个工作日与工资、肉、蛋、啤酒、香烟等物品中包含的物化劳动量“相等”，因而才是“等价（值）的交换”，是非常勉强的。真实的情况是：甲用 x 量的商品（堆）A（包括 50 元的工资所代表的商品，午餐用的粮食、肉、蛋、啤酒、香烟，等等），交换到乙的 1 个工作日的劳动（收割或插秧劳动）；然后，甲再用自己的 1 个工作日的劳动去换回这些 x 量的商品（堆）A。其交换公式是：x 量的商品（堆）A = y 量商品（堆）B（即乙或甲的 1 个工作日的劳动）= x 量的商品（堆）A。这种交换形式也是社会公认的“等价（值）的交换”形式。并由此可以断定，甲或乙的两个不同的物化工作日与 x 量的商品（堆）A 的价值都是“相等”的。此外，消费者在百货商场购买衣服或家用电器，但第二天觉得所购买的商品不太令人满意，按规定可以到商场去退货，并索回原价，其交换公式是：x 量商品 A（衣服或电器）= y 量商品 B（货币）= x 量商品 A（衣服或电器）（从商家的视角看）；或者是：y 量商品 B（货币）= x 量商品 A（衣服或电器）= y 量商品 B（货币）（从购买者的视角看）。这两种交换形式都是社会认可的“公平的交易”或“等价（值）的交换”。

在纯劳动产品的场合，等价（值）交换形式如：20 码麻布 = 1 件上衣 = 20 码麻布，当生产麻布的劳动生产力提高 1 倍时，现实的公平交换关系最终可能变为：20 码麻布 = $\frac{1}{2}$ 件上衣 = 20 码麻布。或者当上衣的价格减少一半时，现实的交换关系最终可能变为：20 码麻布 = 2 件上衣 = 20 码麻布。

这里需要注意的是，20 码麻布的价值可以用 1 件上衣表现出来，其现实基础是客观上存在着大量的“20 码麻布 = 1 件上衣 = 20 码麻布”这样稳定的交换行为，并被社会公认为是“等价（值）的交换”，从而可以断定生产 20 码麻布所需要的社会必要劳动时间量与生产 1 件上衣的社会必要劳动时间量（或 20 码麻布与 1 件上衣包含的社会必要劳动时间量）是相等的，因为麻布和上衣都被假定为“纯”劳动产品。

二、扩大的等价（值）交换形式

z 量商品 A = u 量商品 B = v 量商品 C = w 量商品 D = x 量商品 E = z 量商品 A（20 码麻布 = 1 件上衣 = 10 磅茶叶 = 40 磅咖啡 = 2 盎司金 = 20 码

麻布）

上面的是多次的、连续的系列交换等式，我们称之为“扩大的等价（值）交换形式”。它可以被分解为一系列的“简单的等价（值）交换形式”，比如，z 量商品 A = u 量商品 B = z 量商品 A；z 量商品 A = v 量商品 C = z 量商品 A；z 量商品 A = w 量商品 D = z 量商品 A；z 量商品 A = x 量商品 E = z 量商品 A，虽然其中的交换要经过多次迂回的方式才能实现。比如最后一个等式的 z 量商品 A 要经过与商品 B、C、D 的三次交换才能实现与 x 量的商品 E 的交换，商品 E 可能是金，它很容易地又与 z 量商品 A 相交换，但商品 A 要交换到金就不那么容易了，需要经过多次交换才行。

“扩大的等价（值）交换形式”也是“等价（值）交换形式”，不过是发展了的“等价（值）交换形式”。

三、一般的等价（值）交换形式

如果从“扩大的等价（值）交换形式”中抽出以下若干交换等式：

$$
\text{20 码麻布} = \left\{
\begin{array}{l}
\text{1 件上衣} = \\
\text{10 磅茶叶} = \\
\text{40 磅咖啡} = \\
\text{1 夸特小麦} = \\
\text{2 盎司金} = \\
\frac{1}{2}\text{吨铁} = \\
x\ \text{量商品 A} = \\
\text{其他商品} =
\end{array}
\right\} \text{20 码麻布}
$$

这些“等价（值）交换系列等式”就构成了“一般的等价（值）交换等式”，其特点是：各种商品的价值都表现在唯一的商品麻布上。其现实基础是：麻布这个商品既易于保质，又是社会需求大、最容易交换出去、最容易购入、被社会广泛接受且“保值”的商品。一般的等价（值）交换形式的出现也是商品世界共同活动的结果，等价物商品麻布，获得了一般等价物的性质。麻布的自然形式是这个世界的共同的价值形态，因此，麻布能与其他一切商品直接交换。

值得注意的是：一般等价（值）交换形式中处于“等价形式”的20码麻布是商品的自然形式或物化形式，即指“一定数量的使用价值”。它表现了上衣、茶叶、咖啡、小麦、金、铁或其他商品的社会价值。理解这一点，对理解金属货币商品的发展形式是非常重要的。

四、等价（值）交换的金属货币形式

商品的“等价（值）交换形式的金属货币形式”与“一般的等价（值）交换形式”的唯一区别，只是用金取代了麻布，由此使“一般的等价（值）交换形式”转化为“等价（值）交换形式的（金属）货币形式”：

$$2\text{ 盎司金}=\left\{\begin{array}{l}20\text{ 码麻布}=\\1\text{ 件上衣}=\\10\text{ 磅茶叶}=\\40\text{ 磅咖啡}=\\1\text{ 夸特小麦}=\\\frac{1}{2}\text{吨铁}=\\x\text{ 量商品 A}=\end{array}\right\}2\text{ 盎司金}$$

注意，金在以上交换形式中与麻布在第三种交换形式中的地位是一样的，都是一般等价物。“能直接地、一般地交换的形式，即一般等价形式，现在由于社会的习惯最终地同商品金的自然形式结合在一起了。”“当它（金）在商品世界表现中独占了这个地位，它就成了货币商品。”等价（值）交换形式的价格形式是：

2 盎司金 = 20 码麻布（或其他一定量的商品）= 2 盎司金

我们常称 20 码麻布的价格形式是 2 盎司金。要特别注意我们规定的价格形式与马克思规定的价格形式的区别。我们规定的价格形式代表的是两次（反复出现的、可持续的）交换行为：2 盎司金 = 20 码麻布 = 2 盎司金，或者是 20 码麻布 = 2 盎司金 = 20 码麻布。交换起点的 20 码麻布（或 2 盎司金）与交换终点的 20 码麻布（或 2 盎司金）是同种类、同质量、同数量的商品的使用价值（自然形式），它们包含的价值量在一定的时间内显然是等同的，社会也公认这样的两次交易行为是“公平的交换”或“等价（值）的交换”，这样的交换比例也成为对生产者的生产与交换“起调节作用的交换比例”。只有 20 码麻布交换到 2 盎司金，而没有 2 盎司金交换到 20 码麻布的交换是单向的交换，不一定是“等价（值）的交换”。马克思的价格形式是“20 码麻布 = 2 盎司金”，只包含一次交换，这只有在预先知道 20 码麻布与 2 盎司金包含的社会必要劳动量相等的附加条件下，才能够判断这个交换是等价值的。如果我们进一步追问，它们各自包含的社会劳动量是如何预先独立地测定的？就会出现循环论证的问题。我们的推理逻辑是：从现实社会中反复出现的交换行为（或马克思称呼的“社会行为”）中可以判断出“20 码麻布 = 2 盎司金 = 20 码麻布”是“等价（值）的交换”或“公平的交换”，再假定它们都是纯劳动产品，因而可以进一步判断它们包含的社会必要劳动时间量是“相等”的。

“等价（值）交换的（金属）货币形式”是从“一般的等价（值）交换形式”发展而来的，“一般的等价（值）交换形式”又是从“扩大的等价（值）交换形式”发展而来的，“扩大的等价（值）交换形式”又可以分解为一系列的最基本的“简单的等价（值）交换形式”，即与“20 码麻布 = 1 件上衣 = 20 码麻布”相类似的形式。因此，“简单的等价（值）交换形式”是商品的货币形式的“胚胎”。

针对以上讨论，我们再强调以下两点：

一是我们提出的关于如何判断两种异质性劳动产品的“价值相等”的新思维或新的观念，就是先从现实中存在的、反复出现的交换行为（或社会行为）中判断出“20 码麻布 = 1 件上衣 = 20 码麻布”是“等价（值）的交换”，然后再由“它们是纯劳动产品来说”的假定或事实，进一步推论出它们包含的社会必要劳动时间量是相等的。

二是对“简单的等价（值）交换等式”以及“扩大的、一般的等价（值）交换等式、货币形式”中包含的各种商品，只有在这些商品都是纯劳动产品时，我们才可以判断出这些不同量的商品中包含的社会必要劳动量相等。例如，在交换等式“20 码麻布 = 1 件上衣 = 20 码麻布，或 20 码麻布 = 2 盎司金 = 20 码麻布”中，只有当麻布、上衣、金是纯劳动产品时，我们才可以断言它们包含的社会劳动时间量相等。如果其中的某些商品不是纯劳动产品，比如货币商品是纸币时，我们只能判断“20 码麻布 = 代表 2 盎司金的纸币 = 20 码麻布”是“等价（值）的交换”，但不能据此判断出 20 码麻布与代表 2 盎司金的纸币包含着等量的社会劳动。

在前面论述中，我们阐明了经典劳动价值论关于两种（一定量的）

异质性劳动产品的“价值相等”的推理逻辑：经典作家是沿着“生产商品所必需的劳动量相等”推论出两种商品的价值量相等的。这种推理逻辑包含着“循环论证”的问题。为了解决经典劳动价值论面临的这一问题，我们将关于商品价值量“相等”的推理逻辑思路反转过来，即阐明什么是两种（或多种）异质性商品的“等价（值）交换”或什么是两种（或多种）异质性劳动产品的“价值相等”。实际上，这是对商品生产与交换的行为与后果的判断，而不是对交换对象（即商品）的性质的判断，比如说，对商品中包含的物化的必要劳动的质和量的多少的判断。

五、马克思劳动价值论中一个尚存的、没有解开的“谜”

马克思认为，“产品（也包括土地产品）市场价值的决定，是一种社会行为，虽然这是一种不自觉的、盲目的社会行为”。① 马克思还认为，复杂劳动化简为多倍的简单劳动，“是在生产者背后由社会过程决定的”。② 商品的价值量是“按一定的社会规律计量的”，或者说，“是社会决定的”。③

马克思指出，把劳动时间作为价值尺度，“就需要一个可以比较各种不同劳动日价值的尺度；确定这种尺度的就是竞争”，“竞争决定着一个复杂劳动日中包含多少简单劳动日”。④ “社会过程”指交换过程。⑤恩格斯明确指出社会必要劳动时间（或商品的价值量）是以社会

①③ 马克思. 资本论（第一卷）［M］. 北京：人民出版社，1975：745.

② 马克思. 资本论（第一卷）［M］. 北京：人民出版社，1975：68，188.

④ 中共中央马克思恩格斯列宁斯大林著作编译局. 马克思恩格斯全集（第四卷）［M］. 北京：人民出版社，1958：96.

⑤ 物的价值则只能在交换中实现，就是说，只能在一种社会过程中实现（马克思. 资本论（第一卷）［M］. 北京：人民出版社，1975：100.）。

的方式实现的，或者说，是以社会的方式计量的，是“迂回的、以交换为中介来进行的，是相对的”。①

马克思、恩格斯关于商品价值量与社会必要劳动时间量的决定与计量方式的论述中所提到的“社会行为”“社会过程”“竞争过程”“交换过程”“一定（的）交换规律”“迂回的、以交换为中介”，是什么样的行为与过程，是什么样的社会规律，是什么样的社会方式，这些都缺乏具体的细节。这个“细节”就是马克思劳动价值论中尚存的、没有解开的一个“谜”。

我们尝试解开这个“谜”，将问题归结为计量商品的（社会）价值（或纯劳动产品所包含的社会必要劳动时间量）的“社会的方式”或“社会的方法”究竟是什么。

六、社会价值的计量

我们先来考察一下等价（值）交换形式“x 量商品 A=y 量商品 B=x 量商品 A”的一个最简单的形式，即“x 量商品 $A^t=x$ 量商品 A^{t+1}”，上标 t 表示第 t 时刻，$t+1$ 表示比 t 晚一段时间的时刻。这个交换等式的含义是：t 时刻的 x 量商品 A 与 $t+1$ 时刻同质量、同数量的商品 A 的社会价值相等，它们之间的“交换”显然是“等价（值）的交换”。

由“x 量商品 $A^t=x$ 量商品 A^{t+1}”所表示的交换关系等式是有现实意义的。比如，商品生产者甲在 t 时刻将刚刚收获的多余的 100 千克谷物借给此时缺粮的商品生产者乙（凭信用或抵押物品），然后在下一个季节（即 $t+1$ 时刻）甲缺粮时向乙收回同数量、同质量的 100 千克谷

① 中共中央马克思恩格斯列宁斯大林著作编译局. 马克思恩格斯选集（第三卷）[M]. 北京：人民出版社，1995：658.

物。在这样的“交换”方式中，甲得到的好处是避免了储藏谷物的麻烦与损耗，并支援了乙，以后在自己有困难时也可以（或有权）向乙请求帮助；乙得到的好处是解决了谷物收获以前的粮食短缺的困难，救了“急”；当乙收获谷物时，甲与乙的地位互换，乙也可以支持甲的“短缺”。

如果 x 量商品 A^t 与 x 量商品 A^{t+1} 是同种类、同质量、同数量的商品（比如都是谷物），那么，它们在一定的时段内是同价值的。x 量可以用称重来计量。谷物的相对价值显然与其重量成正比。但这是用物理的方法计量纯劳动产品的价值，只对同种类、同性质的产品的价值计量或比较有效，而我们要探讨的是用“社会的方式”或“社会的方法”来解决异质性商品（纯劳动产品）的价值计量问题，使用称重的物理方法显然是不行的。

我们先来探讨一下如何用“社会的方式”计量或比较一定数量的商品 A 与一定数量的同种商品（比如谷物）的价值，即用“社会的方式”计量 x 量商品 $A=x$ 量商品 A（相当于计量 x 量商品 $A^t=x$ 量商品 A^{t+1}，但不能用称重的物理方法。这里的 $t+1$ 代表一个与 t 时刻相隔很短的时刻）。我们可以将这个问题转换为，具有 $2x$ 数量的东西，比如一堆谷物，如何不用物理学的称重方法，而用社会认可的方法，将它们分配为具有相等的重量从而具有相等的社会价值的两个部分。

这样的“社会分配方法”早就存在。这就是甲、乙两人约定要均分一块蛋糕或一盒饭的分配方法。我们简称为“分蛋糕法”或“分饭法”。其操作规则和程序是：由甲、乙二人中的一人进行蛋糕或米饭的切分操作，将蛋糕或米饭分成两份，然后由另一人优先选择其中的一份，剩下的一份留给切分的操作者所有。这种“分蛋糕法”（或“分饭法”）的切分操作程序保证分配的结果尽可能地做到“公平”“正义”以及确保被分配的两份物品的“价值相等”。如果切分操作者是甲，那么甲由于是后选择者，出于经济人的自利心，为了保证自己不吃“亏”，他必须尽可能地“均等地”分蛋糕（或米饭）；如果他分不均，那么有很大的可能性是较大的一份会被乙挑走。如果乙挑选时犹豫不决，选择的时间较长，说明甲的分配操作的结果趋向于“均等”，甲自己的利益也就能够得到保证。如果乙先挑选的那一份蛋糕记为 A^t，留给甲的那一份记为 A^{t+1}，在乙还没有作出最终选择时，规则保证乙还可以重新进行选择，即选择 A^{t+1} 那一份，甲不得拒绝。这意味着，乙或甲都认可 $A^t \geqslant A^{t+1}$ 或 $A^{t+1} \geqslant A^t$ 的交换方式，所以两份蛋糕的社会价值相等或接近于相等。这就是社会所认可的“公平的”分配方法。

接下来，我们探讨用“社会的方式”分配（均分）异质性商品 A 和商品 B 的方法与程序，即探讨如何用“社会的方式”计量或比较异质性商品的社会价值。

显然，上面所讲的对同质性商品（商品 A^t 与商品 A^{t+1}）的“公平分配的方法与程序”完全可以适用于异质性商品（一定量的商品 A 与另一定量的商品 B）。比如甲是切分的操作者，并且规定由乙优先进行选择，具体的操作程序如下：

甲从商品 A 与商品 B 的“库存”中各取出 x 量的商品 A 与 y 量的商品 B，形成两个商品（堆），由乙优先进行选择，剩下的一份留给自己。甲出于经济人的自利心必然凭经验仔细地确定商品 A 与商品 B 的数量 x 与 y，使两份商品（堆）的社会价值尽可能相等，否则自己有很大的可能会吃“亏”。所谓“价值相等”的标准是什么？就是无论是甲还是乙，选中 x 量的商品（堆）A 与 y 量商品（堆）B 都是一件无所谓的事情，因为它们随时都可以在市场上互相交换。这里有两种因素可以确保甲尽可能地实现“均等分配”：一种是凭甲的经验。甲可能就是商品A的生产者，对生产一定量的商品花费了多少劳动（过去的与直接的劳动）、能值多少社会劳动量心中有数；甲过去还可能生产过商品B，对一定数量的商品B值多少社会劳动也有一定程度的了解。另一种是甲可以从乙的选择速度（也就是“交换速度”或“购买速度”）来判断。假如乙是由10个人构成的群体（或1个人作了10次购买），其中有8个人很快就选择了x量的商品A，在假定甲、乙两人对商品A、B都没有特殊偏好的前提下，乙（其中的8个人）的选择行为说明了x量的商品A有很大的可能性被分配多了，应该减少一些A商品的分配数量（或增加一些B商品的分配数量）。当甲将x量的商品A调整到x'的数量以后，可能会出现乙方的10个人在挑选时都显得犹豫不决，最终的结果是有5个人选择x'量的商品A，另外5个人则选择y量商品B，选择商品（堆）A和B的概率各占50%，属于正常的选择速度值与概率值。这种情况可以使甲坚定自己是“均等分配”的信心，也在很大程度上证明了“x'量的商品A的社会价值=y量商品B的社会价值”。

接下来，我们分析现实中市场经济社会的商品交易过程：

假定商品生产者甲有一定数量的多余的鸡蛋，想用来交换一定数量的大米。从经济人的自利立场出发，甲一定希望至少应交换到“等（社会）价值”数量的大米。这个“等价（值）交换”的判断标准是生产它们的劳动时间吗？显然不是，因为这个“时间”是难以计算的，而且可能大部分劳动者使用的是业余时间，产蛋量与鸡的品种与饲养数量更为相关。这个判断标准实际上是将来甲收获的大米数量较多需要出售时，也能用同样数量的大米交换回来与原先用于交换的相同数量的鸡蛋。商品生产者甲正是通过上述“分蛋糕法”（或“分饭法”）的“公平的分配程序”来实现鸡蛋与大米的“等价（值）交换”的。

实际的交换过程是这样的：在市场上，想要出售鸡蛋的商品生产者甲与想要用大米购买鸡蛋的商品生产者乙相遇了。生产者甲扮演分配操作者的角色进行“喊价”，比如，10 千克鸡蛋交换 8 千克大米。这相当于分配操作者甲从商品（堆）A 中取出 x 量的鸡蛋，另外再从商品（堆）B 中抽出 y 数量的大米，这样“分配”好“两堆异质性商品（堆）”以后，再由商品生产者乙进行挑选。如果乙挑选的是鸡蛋那一堆商品，就意味着交换成功（实现了用大米交换鸡蛋的意愿）；反之，乙如果挑选的是大米，就意味着交换不成功（此时大米仍然留在乙的手上，没有交换出去）。交换成功对甲来说意味着利益，交换不成功则意味着甲遭受到了损失——既失去了交换成功的机会，又增加了储藏与可能损耗的成本，也耗费了流通的成本。如果甲的“喊价”低了，交易速度将变快，但也会遭到损失。因此，甲有动机尽可能地按“等价（值）交换”的交换比例进行“喊价”。同时，如果乙方拒绝交换的次数或人数超过了正常的、平均的人数或次数，这说明 10 千克鸡蛋的社会价值低了，甲生产者应调整“喊价”到 11 千克或 12 千克鸡蛋换 8 千克大米的新的水平上来。反之，乙方中的多数人毫不迟疑地就选择了鸡蛋，意味着甲方的鸡蛋交易速度快于正常值，说明 8 千克大米的社会价值低了，甲应该调整“喊价”为 9 千克大米换 10 千克鸡蛋的新的水平上来。

以上分析说明，所谓以“社会的方式”确定或计量商品的（社会）价值的机制，实际上就是按社会公认的“公平分配程序”（即“分蛋糕法”或“分饭法”的公平程序法）进行市场商品交易的机制。这个“社会的方式”的运作要点在于：商品的出卖者先“喊价”（或定价），其实质相当于把异质性的商品分成两堆，在现代社会，一堆是待出售的商品，另一堆是一定数量的货币商品，然后再交由消费者（即购买者）进行选择，由消费者决定是否购买。商品的出卖者的每一次“喊价”（或定价）实际上就是在制定异质性商品（堆）的分配方案。商品的出卖者是市场经济的主体，但不是市场经济能否有效运行的决定者，商品的购买者才是市场经济能否有效运行的决定者。

供求关系影响商品的价格（即商品社会价值的货币表现）又是怎么一回事呢？商品生产者甲（即出卖者）出于经济人的自利心，有动机、有动力尽可能地“均等地分配”两堆异质性商品，也就是对所出售的商品尽可能地接近（社会）价值进行“喊价”（或定价），其现实基础在于：一是商品生产者有长期的生产商品的经验，可以比较准确地估算生产一定量商品花费了多少过去的、直接的必要劳动量，因此其“喊价”比较接近于商品的社会价值；二是长期的销售经验告诉他，当“喊价”接近于商品的社会价值时，商品有最大的可能性在正常的销售速度下销售出去，这对他自己是有好处的；三是市场竞争的压力。市场上不止一个生产商品 A 的生产者，出卖者甲代表的是一个群体。这些群体成员相互间竞争的压力“迫使”商品出卖者的“喊价”接近甚至略低于商品的价值。因此，这个价值即与商品生产者生产一定数量的商品平均花费的过去的与直接的必要劳动时间同数量的社会价值就成为（纯劳动）商品交换价值的准确尺度。

从短期来看，比如说某一天，市场上出售鸡蛋的卖者多了，从 10 人增加到 15 人（或同样是 10 人，但出售商品的数量多了，相当于 15 人的供给量），即鸡蛋的供给量多了。这 15 人中的每一个人的销售速度必然下降，低于正常值，说明此时鸡蛋出卖者的“喊价”高了，10 千克鸡蛋只能交换到比 8 千克少的大米，因此，鸡蛋的价格必然下跌；反之，如果某一天出现在市场上的鸡蛋出卖者只有 8 人（或虽有 10 人，但出售的鸡蛋数量减少了，只相当于 8 个人的供给量），鸡蛋的供给量比往日减少了。说明这些鸡蛋代表的社会价值提高了，分配操作者必将调整“喊价”，反映在市场上就是鸡蛋的价格上涨。鸡蛋价格的上涨与下跌是相对于其供给量等于“通常的供给量”（记为 $N_{必供i}$）时鸡蛋的价值发生了偏离运动。价格的下跌将促使市场供给量减少，而价格的上涨将刺激供给量的增加，最终会使商品的市场价格围绕其社会价值上下波动，而这个社会价值也成为“起调节作用的价格”。

商品的供求变化影响商品的价格现象说明，用“社会的方式”计量或比较商品的价值或社会必要劳动时间是有条件的：①必须是在一定的时间范围之内，在这段时间内生产商品的技术生产条件或劳动生产力没有明显的变化；②必须是在正常的销售速度（或购买速度）以内或以此为计量标准。

七、市场价格机制的奥秘

在前面的论述中，我们揭示了判断商品“价值相等”的新观念，即从商品生产者之间的交换行为（社会行为）推论出所交换的两种异质性纯劳动产品的“价值相等”，并进而推论出它们包含的社会必要劳动时间量相等。我们还初步阐述了商品的“等价（值）交换形式理论”，重点揭示了如何用“社会的方式”计量商品的社会价值。

依据前文的叙述，我们实际上已经揭示了现实市场经济的交易机制或价格机制的本质。市场机制或市场价格机制无非就是对社会公认的、符合“公平、正义、平等”原则的异质性商品的“公平分配程序与方法”或测定、比较商品社会价值的“公平程序与方法”的现实运用。在这里，参与市场交易的商品出卖者是“分配方案”的操作者、制定者、提出者，他（们）在市场上表现为商品价格的“喊价者”；而参与交易的购买者是“分配方案”是否执行的决定者或决策者，他（们）选择成交或不成交。市场价格机制可以确保“公平原则”的实现，确保商品按价值或接近于价值进行交换。市场价格机制的奥秘就在于它本身就是“公平程序与方法”的实现与运用，在于参与市场交换的当事人（经济人）都有自利的动机并进行理性的选择。如果最初经济人进行的是非理性的选择，那么市场机制或竞争机制会像“一只看不见的手”给选择者以压力：生产某种商品不止一个生产者，而是有许多生产者；不止一个资本，而是有许多相互竞争的资本；竞争的压力将迫使他（们）回归到理性选择的轨道上来。

异质性劳动产品的性质使得用任何物理的方法计量社会必要劳动时间变得不可能（因为异质性劳动产品所使用的生产条件以及生产它们所使用的劳动有可能都是异质的或包含异质的成分），所以只能使用“社会的方式”进行计量或比较，而人类社会也在不断的实践中寻找到了这样一种特殊的、初看起来是神秘的，但为社会所认可的程序与方法，这种社会认可的“公平的分配程序”就是市场的交易机制或价格机制。它有几个要点：①参与者共同认可“x 量商品 A = y 量商品 B = x 量商品 A（或 y 量商品 B = x 量商品 A = y 量商品 B）”的交易行为（它是持续的、稳定的）是“等价（值）的交换”；②有一定数量的、相互竞争的生产者作为出卖者出现在市场上，出卖者之间的竞争形成相互间一定强度的压力；③有一定数量的、相互竞争的购买者（其中一部分是生产者）出现在市场上，购买者之间也形成相互间的一定的压力；④商品的出卖者自由“喊价”，是“分配方案”的制定者；⑤商品的购买者自由“还价”，是“分配方案”是否执行的决定者、决策者；⑥商品的出卖者与购买者都是自利、理性的经济人。市场机制或竞争机制就像“一只看不见的手”一样引导交易双方按“等价（值）”进行交换，从而调节社会生产。

这里我们要指出，这种由市场交易机制或价格机制实现的产品分配的“公平”“正义”，也只能是一种“程序公平”与“程序正义”，它并不能够完全保证实现真正意义上或实体意义上的分配的“公平”与“正义”。它仅仅是这个时代、这种制度下社会所公认的、所能接受的“公平”与“正义”。比如，一个对香蕉有特别偏好的消费者按市场价格购买香蕉可以得到比普通的消费者更多的消费者剩余，一个多子女的穷人也不得不与富人一样按市场价格购买粮食产品，掌握抽象财富（货币）越多的富人比只有劳动力财产的穷人有多得多的发财致富的机会，等等。但这种“程序公平”“程序正义”在许多情况下（比如充分的自由竞争、国家的适度干预、纯劳动产品之间的相互交换，等等），也是可以在很大程度上确保实体意义上的“公平”“正义”的实现的。市场交易机制或价格机制只能保证“程序公平”“程序正义”的实现，是市场机制的局限性。所谓“等价（值）交换”也只是一种“程序相等”而非“实体意义上的相等”，这也是人们必须正视与不得不接受的现实。①

① 2010 年，我国一线城市的居民用 400 万元去交换房地产商手中的 100 平方米的房屋，这是一种“等社会价值的交换”，因为购买者相信（并被证实）可以在今后一段时间内将房屋卖出去换回 400 万元（甚至更多一点）。但这 400 万元与 100 平方米的房屋的价值相等仅仅是“程序相等”而非实体意义上的相等，因为一线城市房屋的价格中包含着极高比例的“虚假的社会价值”（如土地价格、税费等）。

第九章

创造性劳动产品价值量的计量

前面的论述中提出的用“社会的方式”计量纯劳动产品的价值量（或社会必要劳动时间）的方法具有重要的理论意义。将这个方法加以扩展，我们就可以毫不费力地计量或比较创造性劳动产品等异质性劳动产品的价值量以及土地等非纯劳动产品的社会价值。本章我们尝试以“社会的方式”计量纯劳动产品价值量的方法来计量异质性劳动产品的价值量和土地等非纯劳动产品的社会价值。

一、用“社会的方式”计量创造性劳动、复杂劳动等异质性劳动产品的价值量

异质性劳动产品中的“异质性”，不是指生产不同使用价值的具体劳动的异质性，而是指创造商品价值的抽象劳动本身的异质性。它主要包括以下两种类型：

一类是指包含足够多创造性劳动、复杂劳动的劳动产品，包括发明专利、知识产权商品，以及应用发明专利、知识产权生产的劳动产品，还包括应用新工艺，进行技术革新、产品创新、升级换代，使用先进的生产技术条件（即创造性物化劳动）生产的具有独特性质的产品。如果扩大视角，将这些产品的生产过程延伸到它们前期的科研开发环节，这些产品的价值可以说是由以创造性劳动为核心的总体劳动创造的，而不仅仅是直接生产过程中所投入的劳动创造的。由于创造性劳动（还有

创造性物化劳动）在产品价值的创造中发挥了核心作用，这些异质性劳动产品中凝聚的价值是巨大的，但其价值量却是难以事先确定的。

另一类是有很强个性特色的服务类产品，如服务业的“服务劳动”产品，还有独具特色的旅游产品、影视作品、创意产业的产品等。

这两类异质性劳动产品的基本特征是难以对它们所包含的劳动求社会平均（即“同质化”），因为它们所包含的价值量是不确定的，只能在“社会过程”（或“交换过程”）中加以确定。但是，这两类异质性劳动产品无疑是有价值的，而且它们的价值来源于劳动。

对于第一类包含创造性劳动、复杂劳动的现代产品而言，复杂劳动无非创造性劳动的扩展形式，而复杂劳动又是“多倍的”简单劳动，因此这一类异质性劳动产品包含的或代表的价值量肯定大于其耗费的劳动时间量，这一点不同于简单的纯劳动产品，后者包含的或代表的价值量与生产它们所耗费的必要劳动时间量相等。但我们可以使用与计量或比较纯劳动产品价值量相同的方法即用“社会的方式”来计量它们的价值。

例如，市场上出现了一位拥有创造性劳动产品（如 1000 台智能型彩色电视机）的出卖者甲，甲就处于异质性劳动产品的“分配方案”的操作者、制定者的地位。我们要注意，这 1000 台彩电可能是工厂 1 个工作日的产量，代表了企业内部的一定数量的创造性劳动主体、复杂劳动主体、一般性劳动主体所耗费的劳动时间（工作日）的凝结，他们所创造的价值总量是难以确定的，即这 1000 台彩电的总价值是难以确定的，但每一台彩电的价值量却是相等的，都等于 1000 台彩电总价值的千分之一（需要提醒一下，我们说这 1000 台彩电所凝结的社会必要劳动时间量与价值量难以计量，是指使用物理的方法直接地加以计量，而不是指使用“社会的方式”加以计量）。现在的问题是如何利用“社会的方式”确定这1000台彩电的社会价值。假定另一位对创造性劳动产品（彩电）有需求并拥有支付能力的购买者乙带着一定数量的简单劳动生产的纯劳动商品B（商品B的内含价值是已知的，或者说已经由与其他纯劳动产品的交换关系得到确认，并且乙代表一定的购买者群体，而商品B代表甲有需求的许多商品），乙是甲制定的“分配方案”的选择者，是执行方案的决定者（这个“分配方案”就是“x台彩电值多少数量的商品B”）。

如果交易速度很慢，说明甲提出的分配方案中给出的商品数量少了，即甲的“喊价”高了，必须对“分配方案”进行调整，增加一些分配物（商品A）或减少一些商品B，否则甲就要遭受失去交易机会的损失，增加交易成本；甲的创造性劳动产品A（这里是彩电）虽然具有新颖性、独创性、先进性，但也面临着其他生产者的模仿性创新、技术工艺突破或超越、替代品研发的竞争压力以及偿还借贷资本与收回投资的压力，甲决不会轻易失去交易的机会；反之，如果交易速度相对较快，甲就会作出相反方向的调整，即提高“喊价”，直到商品的销售速度处于正常的范围值，就可以判断这些一定量的创造性劳动产品的价值（比如x台彩电）与一定数量（y量）、已知其价值的商品B的（社会）价值是否“相等”，即“循环交换等式”（x台彩电$=y$量商品$=x$台彩电）是否“相等”。如果被判定为“相等”，就意味着这个原来价值量未知的创造性劳动产品所代表的（而不是实际耗费的）社会劳动量与它所实现的价值量是在甲和乙博弈过程或竞争过程中同时被确定的，也可以说它们是同一的，并不是先有了确定数量的劳动量然后才有这些创造性劳动产品A的价值量。这样，我们就可以克服经典劳动价值论者在论证中所包含的循环论证的困难。

如果我们用货币商品代替商品B，用同样的“社会的方式”就可以判断创造性劳动产品A等于若干英镑，比如庞巴维克举例中的雕塑家1个工作日的作品就是创造性劳动产品A，按照我们提出的“公平的程序与方法”计量产品A的社会价值，它就值5英镑，这意味着已经利用“社会的方式”确定了这个雕塑家作品包含的或代表的劳动量与5英镑中包含的劳动量相等，如果用另一个“公平的程序与方法”我们确认5车碎石的纯劳动产品的价值与5英镑中包含的社会劳动量也相等，我们就可以确定雕塑家1个工作日的作品与碎石工5天的劳动产品（5车碎石）的价值相等。雕塑家1天的劳动代表的社会劳动量与雕塑作品的价值量也是由“公平的分配程序”“交换行为”，或以“社会的方式”在同一过程中同时确定的。

不过要注意的是，我们说一单位的异质性劳动产品（或创造性劳动产品）的价值等于若干英镑，仅仅是一种“程序相等”意义上的“等于”，而不一定是“实体相等”意义上的“等于”。这种“公平的程序相等”是当时社会公认的，它可以在很大程度上导致“实体意义上的相等”，但也有例外的情况发生，比如，如果信息不公开，甲处于技术垄断地位，那么他可以尽力提高异质性劳动产品中“虚拟的社会价值”所占的比例，这样的交易对乙而言就会遭受损失。[①] 这时所谓的“公平的程序与方法”，更多的只是“形式上的公平”，而与“真正意义上的公平”相去甚远。

---

① 据报道，国外的某一药品的生产成本仅10美元，但零售价却高达1000美元，这里边就包含着由于技术垄断而产生的极高比例的“虚拟的社会价值”。

二、配第的异质性劳动产品价值量计量方法

配第在历史上第一次提出或论述了劳动价值论的核心命题。他指出，假定一个人能够用自己的双手在一块土地上栽培谷物，并在一定的时间内收获了一定量的谷物。这些谷物（指除去必要的“生产费用”后所留下的谷物）值多少货币呢？“它值多少货币，就看另一个在同一时间内专门从事货币生产与铸造的人，除去自己费用之外还能剩下多少货币。也就是说，假定这一个人前往生产白银的地方，在那里采掘和提炼白银，然后把它运到另一个人栽培谷物的地方铸成货币，并假定这一个人在从事这些工作的同时，也能得到生活所必需的食物和衣服。我们认为这个人的白银和另一个人的谷物，价值一定相等。假定前者所有的白银为二十盎司，后者所有的谷物为二十蒲式耳，那么，一蒲式耳谷物的价格就等于一盎司白银。”①

配第实际上是将谷物视为纯劳动产品，并且首次提出了判断两种一定量的异质性纯劳动产品价值“相等”的方法，即它们所包含的（或生产它们所耗费的）必要劳动量相等。其推理逻辑是：劳动量相等→价值量相等（由于预先假定了谷物与货币都是由简单劳动生产的，而对简单劳动的计量是不困难的）。显然，这样的方法仅仅适用于纯劳动产品的价值计量问题，而不适用于创造性劳动产品等异质性产品的价值计量问题，因为后者包含的劳动量是不确定的和难以计量的。配第第一次探讨了创造性劳动产品、复杂劳动产品的价值计量问题。他在 1691 年出版

① 配第. 配第经济著作选集［M］. 陈冬野，马清槐，周锦如，译 . 北京：商务印书馆，1981：34. 这段话表明，配第关于劳动价值论的核心命题实际上包含了两方面的意思：一是指出了什么是纯劳动商品价值的源泉；二是论证了判断两种一定量的异质性商品的价值“相等”的方法。

的《爱尔兰的政治解剖》一书中指出："同样，我们也必须使技术和简单劳动之间有一种等价和等式的关系，因为，假定我们使用这种简单劳动，在1000天里能够耕耘播种100亩土地；再假定我用了100天的时间来研究一种更省事的方法，并制造出一种省事的工具；在这100天里完全没有耕耘土地，可是在其余的900天里我却耕耘了200亩土地；那么我认为，这种只花费了100天时间的发明技术就永远值一个人的劳动；因为有了这种技术时一个人所做的工作，等于没有这种技术时两个人所做的工作。""同样，我们要在技术和公众评价之间建立一种等式关系。例如，如果一个画家以每张画5镑的价钱给人作画，以后发现很多人都愿意按照这一价钱雇佣他，使他没有足够的时间来满足他们的需要，那么，这位艺术家一定会考虑要是把画提高到6镑一张，在那些按每张5镑的价钱来请他作画的人们中间，是不是还会有足够多的人来雇佣他的全部作画时间。他将根据这一考虑来调整他的作品的价格。"

在第一种情形下，一个创造性劳动主体在1000天内完成的工作量（创造的使用价值或创造的新价值）等于两个简单劳动力在1000天内所完成的工作量（创造的使用价值或创造的新价值），因此，配第认为，"这种只花费了100天时间的发明技术就永远值一个人的劳动"①，其推理逻辑是：两种异质性劳动所创造的价值量相等→商品所包含的两种异质性劳动相等（或等价），与论证劳动价值论的核心命题的推理逻辑正相反。

① 这里，配第只讨论了技术发明是独家使用的特殊情形。如果技术发明可以转让给其他人使用，该技术发明（创造性劳动成果）可以创造或实现更大的（社会）价值。即使在独家使用的情形下，在发明技术没有被扩散时，在下一个900天里，使用该技术发明还可以再创造相当于两个简单劳动力在1000天内创造的价值量，这样，花费了100天的技术发明、先进工具的创造性劳动要略大于一个简单劳动力1000天的劳动所创造的价值量。因此，说发明技术（创造性劳动）始终等于（"永远值……"）一个简单劳动力所创造的价值量，这是一个近似的说法。

在第二种情形下，“要在技术和公众评价之间建立一种等式关系”，就是要在创造性劳动产品与货币商品之间建立一种等价关系，即解决如何用货币来量度创造性劳动产品的社会价值的问题。这里的画家就是创造性劳动主体，他的画就是创造性劳动产品。如何用货币来量度它的社会价值呢？

配第假定在每张画为5镑的价格时社会对画的实际需求量大于画家的实际供给量$N_{供给i}$，即出现了画供不应求的状况。此时，画家将尝试提高画的“喊价”，比如，将每张画提到6镑的价格水平上去，并同时增加其生产量。假定此时的社会实际需求量与画家的最大供给量正好相等，即假定此时画家的全部劳动时间刚好全部用完，那么，将有：

$$A_{创造}=a_i\times N_{最大供给量}=a_{pi}\times N_{实际需求量}=(6\text{镑/张})\times 6\text{张} \qquad (9-1)$$

这里的$A_{创造}$代表画家在一定的时间内（比如在20个工作日内）投入的创造性劳动所创造的（或所实现的）价值量，是一个未知的可变量或一个待确定的量，而$a_i\times N_{最大供给量}$是$A_{创造}$的另一种表示方法，其中a_i是每张画代表的价值量（也是一个未知的可变量、待确定的量），而$N_{最大供给量}$表示画家在20个工作日内完成的画的总张数（这里是6张），a_{pi}表示每张画的销售价格（这里是6镑/张），$N_{实际需求量}$代表社会对该创造性劳动产品（画）此时的实际有效需求量，即社会此时能够按照价格a_{pi}进行支付的商品量（这里是6张）。如果这个实际的有效需求量逐渐变成了一个稳定的或持久的有效需求量（改用$N_{必需i}$表示），式(9-1)中的“=”就表示：创造性劳动产品的（总）价值是由“社会过程”决定的，即由社会对创造性劳动产品的正常的有效需求量$N_{必需i}$与这种有效需求条件下所能支付的价格a_{pi}两个因素决定的，亦即由它们的乘积决定。这是一种均衡价格，即供给方（创造性劳动主体）所要求的产品价格与购买方所愿意且有能力支付的价格相等时或均衡时的价格，即我们通常所说的供求相等（均衡）时的价格。在配第的论述中，供给方（画家）的供给量 $N_{最大供给量}$（6 张）是其最大产量，所要求的价格是 6 镑/张，而购买方（需求方）对这个特定价格（6 镑/张）有支付能力的需求量也是 6 张，供与需恰好相互均衡，并且在“均衡”时，创造性劳动产品的总价值 $A_{创造}$ 与单位商品价值 a_i 被同时决定。

在第一种情形下，创造性总体劳动（一个人 100 天的技术发明、更省事工具的制造加上 900 天的简单劳动所形成的总体劳动）与两个人 1000 天的简单劳动创造的产品的使用价值量相等，从而创造的新价值量也相等，而简单劳动的价值量是由其社会必要劳动时间所决定或量度的，因此，创造性（总体）劳动产品的价值量得到计量。

在第二种情形下，创造性劳动产品的价值量由创造性劳动主体所要求的或满意的产品价格与购买方（需求方）所愿意且有能力支付的价格相等时或均衡时的价格（即我们通常所说的供求相等时的“均衡价格”）决定。至于为什么创造性劳动产品的价值量要由或者能够由这种特定的“均衡价格”决定，配第并没有进行更深入的论述。实际上，这个特定的“均衡价格”的形成过程，就是创造性劳动产品的出卖方与购买方的价格“博弈（斯密所说的‘讨价还价’）过程”，也是双方按“公平的分配原则”进行利益分配的过程和以“社会的方式”对创造性劳动产品进行计量的过程。

我们可以将式（9-1）一般化，用 αt 代表创造性劳动产品的个量价值 a_i，其中的 α 是一个大于复杂劳动系数 β 的可变量，则有：

$$A_{创造}=a_i\times N_{必供i}=\alpha t\times N_{必供i}=a_{pi}\times N_{必需i} \tag{9-2}$$

这里用$N_{必供i}$取代了式（9-1）中的$N_{最大供给量}$，即用创造性劳动产品的生产部门“通常的供给量”取代了“最大的供给量”，要更接近现实情况一些。这里的“=”是指“程序（意义上的）相等”而不是指“实体（意义上的）相等”，即a_i与a_{pi}的确定是通过“社会的方式”或按照“公平的程序与方法”同时决定的，而a_{pi}就是社会在正常的有效需求（或能够提供“通常的供给量”）的条件下能够进行支付的商品价格。在某些情况下，它也是一种“起调节作用的价格”。式(9-2)就是普遍适用的创造性劳动产品的社会价值的数学表达式。

以上我们讨论了如何用“社会的方式”计量创造性劳动产品的价值量的一般原理或方法，还讨论了配第计量创造性劳动产品价值量的方法，得出了求创造性劳动产品社会价值的数学表达式，即式（9-2）。本章将通过一些实例来对这一重要问题作进一步的探讨。

三、知识产权商品的价值量度问题

我们从一件最简单的、纯粹由创造性劳动价值凝聚的知识产权商品入手分析。假设某个发明家设计了一个可以获取专利的新产品，他花费的图纸、专利申请费用可以忽略不计，该知识产权（产品）作为一种现代商品可以抽象为一种单纯的创造性劳动的凝结。它的价值$A_{创造}$一定可以表示为发明家的创造性个别劳动时间与一个可变倍数α的乘积：

$$A_{创造}=\alpha\times T_{个别}\text{（创造性个别劳动时间）}\qquad(9-3)$$

式（9-3）可以从复杂劳动与创造性劳动的关系上得到证明。任何一项复杂劳动最初一定是创造性劳动。创造性劳动只是在内容和形式已经在社会范围内充分扩展开来以后才转化为复杂劳动，最后还会转变为简单劳动。在上面所举的例子中，这项发明专利在社会范围内公开并推广、普及以后，在应用专利进行设计的工厂里仍然需要由工程技术人员按照该专利图纸进行设计、绘图、编制说明等工作，这就已经转化为复杂劳动的形式了。工厂技术人员的复杂劳动创造的价值 $A_{复杂}$ 等于完成复杂劳动的必要劳动时间乘上一个确定的倍数 β：

$$A_{复杂}=\beta\times T_{复杂}（复杂劳动必要劳动时间）=x\ 个简单必要劳动量 \qquad (9-4)$$

式（9-4）和式（9-3）应该完全对应，式（9-4）是式（9-3）的转化形式。与某一确定倍数 β 相对应的只能是远大于它的一个可变倍数 α。由于从事新发明专利的创造性劳动尚未在社会范围内展开，因而不存在相应的社会必要劳动时间。

下面，我们对上例中的知识产权专利的价值量度问题进行分析。我们假设这个专利产品在技术市场上进行独家转让。这个专利商品由社会各企业竞争购买，即进行社会评价（配第所讲的“公众评价”），最终形成的交换价格 a_{pi} 是一种市场“均衡价格”，我们称为“商品的社会认同值”。

$$A_{创造}=\alpha_1\times T_{个别}（创造性个别劳动时间）=a_{pi}\times N_{供给i} \qquad (9-5)$$

其中 α_1 是一个与 a_{pi} 相对应的确定值，也是可变倍数 α 的一个市场化取值。

由于这里讨论的是专利技术商品独家转让的情形，所以 $N_{供给i}=1$，即专利商品将卖给出价最高的购买者，全部创造性劳动的成果或创造的价值都体现在这一件专利商品上。如果发明专利可以多家技术转让，那么 $N_{供给i}$ 将是一个大于 1 的正整数，相应地，社会有支付能力的购买价格（均衡价格）a_{pi} 和 α 的取值 α_i 也不尽相同。

这个均衡价格 a_{pi} 的形成过程，实际上就是创造性劳动主体用“社会的方式”计量创造性劳动产品的价值量的过程。这个“过程”是这样进行的：

一个拥有发明技术专利（创造性劳动产品）的出卖者甲出现在技术市场上，在这个市场上甲就处于异质性劳动产品的分配方案的操作者、制定者的地位。我们要注意，这个发明专利（知识产权商品）可能是创造性劳动主体在一定数量的工作日内完成的，代表了一定数量的创造性劳动时间（工作日）的凝结，它所创造的价值量（或代表的社会劳动量）是难以确定的，这一知识产权商品的总价值是难以确定的（需要提醒一下，我们说这一知识产权商品所凝结的社会必要劳动时间量与价值量难以计量，是指使用物理的方法直接地加以计量，而不是指使用“社会的方式”加以计量，现在的问题是如何利用“社会的方式”确定这一知识产权商品的社会价值）。我们再假定另一位对创造性劳动产品（发明专利）有需求并拥有支付能力的购买者乙带着一定数量的简单劳动生产的纯劳动商品 B（商品 B 的内含价值是已知的，或者说已经由与其他纯劳动产品的交换关系得到确认，并且要注意，乙代表一定的购买者群体，而商品 B 代表甲有需求的许多商品），乙是甲制定的“分配方案”的选择者，是否执行方案的决定者（这个“分配方案”就是“这一独家转让的知识产权商品值多少数量的商品 B”）。通过“公平的程序”、交易中的理性的选择行为，以及对交易速度的观察，可观察它是不是处于正常的范围值：如果交易速度很慢（相当于专利产品在较长的时间内都卖不出去），说明甲提出的分配方案中给出的商品数量少了，即甲的“喊价”高了，必须对“分配方案”进行调整，需要减少一些商品 B 的数量，也就是说，要降低一些“喊价”，否则甲就要遭受失去交易机会的损失，增加交易成本；甲的创造性劳动产品 A（这里是发明专利）虽然具有新颖性、独创性、先进性，但也面临着其他生产者的模仿性创新、技术工艺突破或超越、替代品研发竞争的压力，甲决不会轻易失去交易的机会；反之，如果交易速度相对较快（这反映在有多家企业愿意出较高的价格争相购买的情况出现），甲就会做出相反方向的调整，即提高“喊价”，直到商品的销售速度处于正常的范围值（即出现了1~2个出价最高的、可以由甲任意选择的购买者乙），就可以判断这一创造性劳动产品的价值（发明专利）与一定数量（y量）、已知其价值的商品B的（社会）价值“相等”了。这个原来价值量未知的创造性劳动产品所代表的（而不是实际耗费的）社会劳动量与它所实现的价值量是在出卖者甲和购买者乙博弈过程或竞争过程中同时确定的，也可以说它们是同一的，并不是先有了确定数量的劳动量然后才有这一创造性劳动产品（发明专利）的价值量。这样，经典劳动价值论者在论证中所包含的循环论证的困难就不复存在。

如果我们用货币商品代替商品B，用同样的“社会的方式”（或方法）就可以判断出这一创造性劳动产品（发明专利）的价值等于若干英镑。此时形成的最终的交换价格 a_{pi} 是一种均衡价格（我们称为“社会认同值”）。

我们将式（9-5）与其转化形式相对应，即可对其正确性得到理解。假设这个发明专利已经公开和失效，社会上的任何企业都可以无偿使用。一个从事描图、绘图并把公开专利图纸的复制品用来出售的复杂劳动力创造的价值 $A_{复杂}$（体现在复制品上）可由式（9-6）确定：

$$A_{复杂}=\beta\times T(\text{复杂劳动必要劳动时间})=a_{复杂}\times N_{供给i} \quad (9-6)$$

式（9-6）与式（9-5）中的 $N_{供给i}$ 都等于1，$A_{复杂}$（或 $a_{复杂}$）为复杂劳动力创造的社会价值量，它等于 β 在相同时间内完成的简单劳动量。这里假设有许多人都在从事描图、绘图并公开出售该专利复制品（比如是一种新颖的家具设计图纸），从而形成一定竞争强度下的均衡价格和使复杂劳动成为必要劳动。从式（9-5）和式（9-6）的对比中可以看出，我们引入的社会认同值概念，是一个比社会必要劳动价值（即与社会必要劳动时间同数量的价值）更为广泛的概念，当创造性劳动在社会范围内充分扩展以后，$A_{创造}$（或 $a_{创造}$）就转化为 $A_{复杂}$（或 $a_{复杂}$）。

从这个实例的讨论中我们可以得出与传统理论完全不同的重要结论：创造性劳动产品的价值量是不确定的，并且它的价值量度要在市场交换中确定，或者说，要用“社会的方式”计量它的价值。在这一实例中所说的发明专利（单纯的创造性劳动的凝结）只转让一次（即“独家转让”）的最简单的情况，不过是一个简化了的模型。这一次的交易价格（或均衡价格）a_{pi}就是其社会认同值。

下面，我们接着分析创造性劳动产品中包含着一般性劳动和生产资料商品同时投入的情形。例如商品所有者甲拥有一件新的实用新型发明专利（创造性劳动产品），仍然假设甲将这个发明专利在技术市场上出售。这个实用新型发明专利在研制过程中要经过技术人员、普通工人的群体劳动并耗费了一定数量的生产资料（商品）。技术人员实际耗费的复杂劳动和工人耗费的简单劳动均可以转化为（或折合为）社会必要劳动，加上所耗费的生产资料价值的总价值我们称为“创造性劳动的基础价值”，用 $A_{基础}$来表示，该实用新型的总价值 $A_{总}$ 为：

$$A_{总}=\alpha\times T(\text{制造实用新型的创造性个别劳动时间})+A_{基础} \quad (9-7)$$

从式（9-7）可以看出，包含着一般性劳动投入的创造性劳动产品（这里是作为实用新型的知识产权商品）的价值，仍然是一个不确定量。可变倍数 α 的取值仍要在市场交换中实现，或者说，其价值量仍然要以“社会的方式”进行计量。这时该创造性劳动产品的价值量仍等于其社会认同值①。

接下来进一步分析上例中的实用新型创造性劳动产品并不在技术市场上出售，而是由发明专利所在的企业组织生产，并将新产品大批量投入消费品市场（而不是投入技术市场）的情形。这种情形可以代表现代社会普遍和经常发生的企业独自研究和开发新产品的活动过程。

整个创新和生产的过程可以分为互相联结又相对独立的两个环节：

第一个环节是进行创造性劳动的过程（包括研究、试制、定型等活动）。尽管不将最终所获取的“成果”（实用新型的发明专利）拿到技术市场上去出售或交换，创造性劳动仍然创造了尚不能确定数量的价值 $A_{创造}$。

$$A_{创造}=\alpha\times T(创造性个别劳动时间)+A_{基础} \qquad (9-8)$$

第二个环节是进行生产的一般性劳动力应用创造性物化劳动（这里是实用新型的发明专利）的过程，在这一过程中，创造性劳动与一般性劳动相结合形成了一种具有新质的新型劳动——创造性总体劳动。这个新型劳动创造的一定数量的新产品的使用价值为 $A_{新}$。

$$A_{新}=C_i+V_i+M_i=(c_i+v_i+m_i)\times N_{供给i} \qquad (9-9)$$

式（9-9）中的 C_i 与 c_i 是生产新产品所耗费的固定资本，V_i 与 v_i 为可变资本，M_i 与 m_i 为新产品所包含的剩余价值量（大写字母表示新产品的总价值和总剩余价值量，小写字母表示单位新产品所包含的价值与剩余价值量）。我们要特别注意，这里的 M_i 与 m_i 是可变量，而这正是创

① 商品的社会认同值等于商品在供需平衡时的均衡价格值。实际上，传统理论中的决定一般性劳动产品的社会必要劳动量（或社会必要劳动时间量），在理论上也只能确定这个量一定存在，而无法计算出来，或者说，只能通过一定数量的其他商品的使用价值表现出来。它事实上也是由商品的均衡价格来量度的，不过这个均衡价格 a_{pi} 正好等于该商品的价值量（即 $t_{必要}$）。

造性劳动产品（新产品）的基本特征（因为创造性劳动创造的价值量本身就是不确定的、可变的）。$N_{供给i}$表示新产品的产品量或送到市场上的供给量。假定新产品能够全部销售出去，即 $N_{供给i}=N_{销售i}$，并设产品的总销售量为 $N_{总}$，最低销售量为 N_0。所谓最低销售量，是指从销售新产品中所获取的总剩余价值（总利润）与不生产新产品而将生产新产品的技术方法作为知识产权出售时能获取的剩余价值（利润）相等时的销售量。显然，当总销售量 $N_{总}$远大于最低销售量 N_0时，由发明专利的持有者自己组织生产和销售新产品要更划算一些。由于新产品是由创造性总体劳动创造的，包含着创造性劳动的价值凝聚，新产品的价值也要由市场交换来确定（或者说，新产品的价值量要用“社会的方式”来计量），即由其社会认同值 a_{pi}来确定。这里的 a_{pi}为新产品供求平衡时的均衡价格（或社会认同值）。

最后，我们再来分析在生产的第一个环节中，创造性劳动创造的成果不是由本企业用来创造新产品，而是用来提高劳动生产率，企业所生产的产品的特性在没有发生变化的特殊情形下的产品价值计量问题。这种情形在现代社会中也十分普遍。

传统理论对这种情形下的价值计量问题有两种论述，一种是“劳动生产力越高，生产一种物品所需要的劳动时间就越少，凝结在该物品中的劳动量就越小，该物品的价值就越小”。① 另一种是“生产力特别高的劳动起了自乘的劳动的作用，或者说，在同样的时间内，它所创造的价值比同种社会平均劳动要多”。

这样，在劳动生产率变高的情形下，产品的价值究竟是变低还是变高，有些难以理解，因而在理论界引起了长时间的争论。在存在两类不

① 马克思. 资本论（第一卷）［M］. 北京：人民出版社，1975：53，57.

同性质的劳动的情况下，这个问题可以得到明确的解释：

我们假定提高劳动生产率的创造性劳动仅仅发生在个别先进企业内，而且其余的众多的企业仍然采取较低效率的老办法进行生产，并且生产的产品的使用价值都相同，产品的价值仍由社会必要劳动时间 $t_{必要}$ 决定。这个先进企业创造产品价值的劳动仍然可以划分为两个环节。在第一个环节中，创造性劳动实实在在地创造了一定数量的价值 $A_{创造}$ ［这个 $A_{创造}$ 可以由式（9-7）或式（9-8）来表示］。$A_{创造}$ 要在第二个环节即在产品的生产过程中"转移"价值。这时，这个先进企业生产的单位产品的价值仍由社会必要劳动时间 $t_{必要}$ 决定（因为产品的特性没有发生变化），即由供求平衡时的均衡价格决定。而先进企业产品的个别劳动时间 $t_{个别}$ 由于劳动生产率的提高而降低，其差额部分可以看作创造性劳动价值的"转移"。我们有：

$$A_{创造} = N_{总}(t_{必要} - t_{个别}) \geqslant N_0(t_{必要} - t_{个别}) \quad (9\text{-}10)$$

当企业的总销售量 $N_{总}$ 低于 N_0 时，提高劳动生产率和劳动的投入并不划算。一般说来，在创造性劳动未丧失新颖性期间，如果先进企业的产品量占社会总产量的比重较低，那么在第一个环节中，个别先进企业的创造性劳动所创造的总价值（$A_{创造}$）的实现量是随着产品的销售量的增加而增加的。这里的商品价值仍由社会必要劳动时间所确定。这是由于我们假定了产品的使用价值没有发生变化（而且还假定了社会对该种产品的有效需求量也没有发生变化，即始终等于社会能够对产品按价值进行支付的商品量）。在前述的第三种情形中，新产品中的创造性劳动所创造的价值量要由新产品在市场上多次交换中形成稳定的均衡价格值 a_{pi} 时才能最后确定（a_{pi} 因此也被定义为社会认同值）。这是容易理解的，因为开发新产品的创造性劳动及其产品是独特的、新颖的，它们并未在社会范围内扩展开。大批量的新产品的众多次的市场交换，相当于开发新产品的创造性劳动成果（知识产权）在技术市场上的一次交换。

在个别先进企业的创造性劳动单纯用于提高劳动生产率，并且先进企业的产品量占社会总产量的比重较低与商品的价值仍由社会必要劳动时间决定的情形下，个别先进企业创造的产品价值量与劳动生产率（即与单位劳动时间内的产品量 $N_{总}$）成正比。或者说，个别先进企业的创造性劳动“起了自乘的劳动的作用”，它们“在同样的时间内，创造的价值比同种社会平均劳动要多”。但是，当提高劳动生产率的创造性劳动的内容和形式在社会上普及开来以后，即社会上生产该种产品的众多企业的劳动生产率都普遍提高以后，那么必有 $t_{个别}\to t_{必要}$，这意味着先进企业的（创造性）个别劳动时间成为新的社会必要劳动时间，或者说，社会必要劳动时间已经稳定在一个新的、较低的水平上。此时，企业的劳动生产率就与产品的价值量成反比，也就是说，“劳动生产力越高，生产一种产品所需要的劳动时间就越少，凝结在该物品的劳动量就越小，该物品的价值就越小”。

第十章

创造性劳动创造价值的特点、途径，对商品交换规律的影响

创造性劳动能够创造价值。作为创造性劳动成果的现代科学技术的应用过程，也是人的个人和群体新的创造性劳动进行的过程，也能够创造价值。

为何一件样式新颖的名牌服装比同样质地的普通服装的价格贵几倍，甚至几十倍，而生产两者所投入的一般性社会必要劳动量却大体相当或相差不多？这是因为前者在创造或生产过程中附加了服装设计师、裁剪师的创造性劳动，他们的创造性思维、大胆的构想、设计、精心制定的工艺和配料选择，等等，使前者的一般性劳动具有了新质。服装品牌的“名气”也是设计师先前长期的创造性劳动的积累效应。一组造型别致的、带有装饰的路灯，创造性劳动使其不仅具有满足照明的基本功能，还具有美化环境的新的功能，它们在市场上的销售（均衡）价格比普通造型的路灯价格更高。一辆知名品牌的小汽车以其质量完美、安全舒适的特点，在市场上销售的（均衡）价格也比一般性劳动投入大体相当的其他型号的小汽车的价格高得多，其原因也是其产品中凝聚着独特的创造性劳动的贡献。

从这些现代社会司空见惯的现象中人们为什么没有抽象出创造性劳动的概念和得出创造性劳动也能创造价值且能创造出更大的价值，并且商品中包含的创造性劳动价值的含量要在市场交换过程中形成均衡价格之后才能确定的结论呢？其原因主要是受传统理论的束缚：一是把创造性劳动等同于复杂劳动，并且在生产领域内就从理论上把它折合成简单劳动的若干倍数或自乘。正如我们前面已经指出的那样，传统理论认为，复杂劳动与简单劳动量的折合是“由社会过程决定的”、是“由习惯确定的”，这种“折合”是已知的，是过去完成时①。这与创造性劳动创造价值的情形是有本质区别的：创造性劳动是独特的、新颖的和尚未在社会范围内扩展开的劳动，对创造性劳动及其创造的价值量的计量（也即它们与简单劳动量的“折合”）要以“社会的方式”进行，或者说，要在市场交换中进行，要经过多次交换达到均衡价格时才能对新产品中的创造性劳动量进行量度。二是没有把科学技术的应用过程看成是一个再实践、再创造的创造性劳动过程，而把科学技术的作用仅仅归结为使劳动生产率得到提高，单个产品的活劳动的投入相应减少，从而使产品的个别价值降低。这里，创造性劳动过程消失了，科学技术作为先前的创造性劳动结晶的“延续效应”也消失了。三是对现实中大量存在的平凡的创造性劳动——它们还不能完全归结为科学技术的范围，如革新、再创新、开发、决策、管理、激励劳动者的积极性等直接与创造新产品相关的活动都忽略了，没有进行理论概括，使传统理论显得与现实相脱节。要深刻理解创造性劳动价值论，我们还必须对创造性劳动创造价值的特点和途径及创造性劳动价值对交换规律的影响进一步分析和探讨。

---

① 实际上，传统理论也是根据1个工作日的复杂劳动产品在市场上持久地等于或能够交换到3个简单劳动工作日的产品的事实或经验来确定1个复杂劳动工作日等于3个简单劳动工作日的，这种复杂劳动与多倍简单劳动的相等只是“程序相等”。其实，这也是一种“逆向推理”方式，即从复杂劳动产品与多倍的简单劳动产品的价值相等，反过来推论出产品所包含的复杂劳动与多倍的简单劳动相等，只不过传统理论并未意识到对这个理论“转换”是需要加以说明的。

一、创造性劳动创造价值的特点

创造性劳动的本质特点是不能求社会平均。此外，它还有以下5个重要特点：

（一）创造性劳动对物质条件和一般性劳动的依赖性

创造性劳动过程本身依赖于一定的物质条件，即需要耗费先前积累的劳动成果和利用知识形态的创造性劳动产品。例如一个新产品的开发，事前科研人员需要吸收分析处理大量信息，选择现有的技术手段和材料，得出结论后才能进行创造性构思和设计，再设计工艺，指导试制实践和进行批量生产。这一整个创造性劳动的过程中同时伴随着大量的资本、物质和一般性劳动的投入。又如，作为创造性劳动结晶的任何一项科学技术成果，诞生和应用都需要物质条件和一般性劳动的双重投入。

（二）创造性劳动创造价值的“乘数效应”

创造性劳动对产品价值创造的贡献与一般性劳动相比要巨大得多。创造性劳动对（单位）产品价值创造的贡献表现为产品的社会认同值 a_i 与其转化值 $a_{必要}$ 的差额值（后者是当创造性劳动的内容和形式已经在社会上广泛扩展开来以后的产品价值，完全可以视为一般性劳动的单纯凝结），而在一般情况下，a_i 又是 $a_{必要}$ 的若干倍。例如，在创造性劳动单纯用于提高劳动生产率的场合，假设劳动生产率提高5倍，（个别）一般性劳动价值降低为原来的$\frac{1}{5}$，创造性劳动的贡献就表现为$\frac{4}{5}$，产品的价值仍为社会必要劳动量，创造性劳动的贡献为一般性劳动的4倍。这就是所谓的“乘数效应”。如果我们用 α' 表示 a_i 与 $a_{必要}$ 的比值，（单位）产品的创造性劳动价值的含量$A_{创造}$可以表示为：

$$a_{创造}=a_i-a_{必要}=[(a_i/a_{必要})-1]a_{必要}=(\alpha'-1)a_{必要} \quad (10-1)$$

其中的系数α'在一般情况下是一个远大于1的正整数，它使产品的价值量倍增，α'也称为“扩大系数或品质系数”。创造性劳动对产品价值的贡献就表现在远大于1的扩大系数上。

创造性劳动创造价值的“乘数效应”以及式（10-1）显示了所谓创造性劳动价值论的核心内涵，就是：创造性劳动能够创造价值，而且创造性劳动与一般性劳动相比，能够创造出更多的价值。

当创造性劳动的内容与形式（或创造性劳动成果）在社会范围内普及推广开来以后，就有：$\alpha'\to 1$，式（10-1）代表的创造性劳动贡献的超额剩余价值就趋向于零，创造性劳动也就转化为一般性劳动。

（三）创造性劳动创造价值的不确定性或可变性

创造性劳动本身的贡献$A_{创造}$为

$$A_{创造}=\alpha\times T(\text{创造性个别劳动时间})+A_{基础} \quad (10-2)$$

其中的α为变量系数。创造性劳动对产品交换价值的总贡献存在可变性与不确定性：可能创造性劳动伴随的物质和一般性劳动的耗费和投入较小，最终创造和实现的总价值量却很大；也可能耗费和投入较多，最终创造和实现的价值量却较小；还有可能花了很大的代价，最终却一事无成，创造性劳动成果只能以知识产品的形式存在，对商品价值却无直接贡献。

（四）创造性劳动创造和实现的总价值与其产品对社会需求的适应性有关，其价值量度要在市场交换中确定

由于创造性劳动产品的总价值$A_{新}$（或$A_{总}$）的表达式中包含的变量

α、a_{pi}要在市场的多次交换中形成均衡价格后才能确定（或者说，要以“社会的方式”确定），而总销量$N_{总}$本身又取决于社会对创造性劳动产品的有效需求量。创造性劳动成果越是适应社会需求，或者说，社会对创造性劳动产品的有效需求量越大，其创造和实现的价值量也越大。但并不是所有的创造性劳动成果都能自动地适应社会需求，有的创造性劳动成果一开始并不被社会所接受，而是需要经过宣传、示范、改进、完善，最后才能为社会所接受（即需要增加创造性劳动成本才行）。也有可能某项创造性劳动成果根本不为社会所接受，因而不能直接创造和实现价值，只能作为知识产品存在。

（五）创造性劳动产品的时效性与风险性

由于创造性劳动创造的（总）价值的可变性，及其产品价值（或社会认同值）的不确定性，对市场需求的适应性、依赖性等特点以及时效性，进行创造性劳动是有风险的。所谓时效性，是指由于竞争，可能有更多更好的新产品出现，使原来的创造性劳动及其产品丧失了新颖性。创造性劳动的风险性表现在可能成本投入很大，收效却很小，甚至完全失败，创造性劳动成果不能够转化为现实的生产力。

二、创造性劳动创造价值的途径

下面，我们更深入地研究创造性劳动创造产品价值的几种有效途径。

（一）创造性劳动以明显的方式创造产品价值

例如，开发一个全新的产品，或对原产品赋予新的特性、新的品质，增加新的使用价值和功能，使原产品更能满足人的精神、文化等方面的高层次的需求。在这种情形下，新产品的价值等于其社会认同值。

创造性劳动的贡献等于社会认同值与创造新产品同时投入的一般性社会必要劳动价值的差额。产品在使用价值上就留下创造性劳动的“烙印”。

（二）创造性劳动以不明显的方式进入产品价值

例如，在单纯提高劳动生产率的情形下，产品的特性并没有发生改变，但产品中凝聚了应用科学技术成果、改进设备工艺等创造性劳动价值的“转移”①。在这种情形下，产品中的创造性劳动的价值贡献由产品的社会必要劳动价值与个别价值的差额来量度。

（三）创造性劳动通过增加产品的交换势创造产品价值

交换势主要是指产品的适销度、知名度等因素，它使创造性劳动产品更容易实现价值和取得较高的社会认同值。产品的适销度、知名度越大，其交换势就越大；反之，就越小。交换势还与企业的信誉、管理水平、服务质量及企业的公众形象有关。一个企业通过现代化管理，调动企业劳动者的积极性，激励劳动者的创业和创造精神，从而使劳动者在工作质量上精益求精，爱护企业品牌信誉，这是一种“看不见的竞争力量和因素”。两个同样设备投资、同样生产工艺、劳动生产率相同、产品完全相同的企业，如果这种“看不见的竞争力量和因素”不同，其产品的交换势也不同。这种“看不见的竞争力量和因素”的形成，正是企业家和管理人员、职工群体长期创造性劳动积累的结果或这些结果的综合体现。这种创造性劳动具有独特的、群体性的特色，无法求社会平均，看不见但又实实在在地存在于现实之中。

---

① 这里的“转移”仅仅是沿用传统理论的说法，实际上，先进的生产条件与一般性劳动相结合，将使一般性劳动转化为一种具有新质的创造性劳动，它们直接就创造了产品的价值，而且在相同的时间内，比一般性劳动创造了更多的产品数量从而创造了更多的价值，因为按照“一价定律”，市场上这些同种产品的社会价值都是相等的。

在开发新产品的过程中，产品的交换势越大，社会对新产品的有效需求量（$N_{必需i}$）也越大，新产品的社会认同值（a_i）也越大。在创造性劳动单纯用于提高劳动生产率的场合，产品的交换势越大，社会对企业产品的有效需求量也越大，产品的总销量（$N_{总}$）越大，生产的第一个环节中投入的创造性劳动成本分摊在每个产品中的份额越小，单个产品的价值仍为社会必要劳动价值，形成的差额部分即是由“看不见的力量和因素”注入的价值。在既不是靠开发新产品，也不是单纯靠提高劳动生产率来与同类产品相竞争的场合，尽管产品和劳动生产率均无显著的变化，但交换势越大的产品，社会对产品的有效需求量也越大，产品的总销售量也越大。由于产品的总销售量变大，固定资本分摊在产品价值中的比例会降低，但产品的价值仍然是其社会价值，其差额部分（$a_{社会}-a_{基础}$）就是由“看不见的竞争力量和因素”注入的价值。①

（四）创造性劳动通过提高区域劳动者的整体素质，增加区域产品的总体交换势从而创造产品的价值

科学技术研究成果，管理经验、方法，先进的职业培训制度与方法及其软、硬件设施，新技术、新工艺、新设计等，很多都是以知识形态（例如论文形式）出现的，但又明显是人的创造性劳动成果，对社会很有“价值”。但是其能否以某种形式进入生产领域影响或“创造”产品的价值，这一点，至今仍然是不清楚的。一个国家、一个城市、一个地区的科学文化水平越高，劳动者的整体素质就越高，平均劳动生产率也较高，区域的知名度也较高，该区域企业产品的总体交换势必然比其他

① 这种情形类似传统价值理论中当全社会的劳动生产率普遍提高以后，将降低工人的必要生活资料商品的价值从而降低工人的劳动力的价值，使所有的资本家获益，得到一个相对剩余价值差额。

相对落后的区域要高。特别地，一些创造性劳动或先进的技术生产设备（创造性物化劳动）在这个区域内已经被普及开来从而在该区域内已经转化为复杂劳动甚至转化为普通的简单劳动或一般性物化劳动时，相对于其他区域，这些劳动仍具有独创性、新颖性，这些设备仍具有先进性，因而在该区域内的这些企业的劳动所生产的产品的交换势也较高。

此外，一个区域内的通信、交通、能源等基础设施越发达，产业（包括金融业）配套越完全，社会分工体系越发达，交易成本越低，创造性劳动（或创造性物化劳动）转化为一般性劳动（或一般性物化劳动）的现象越普及，在该区域内的企业产品的总体交换势也就越高。在发达的城市和落后的地区生产的同一种类的产品，在发达国家与发展中国家生产同一种类的或品牌的小汽车，其交换势在一般情况下表现得很不一样，各类产品的总体交换势也不一样。而我们在前面已经提到，产品的（总体）交换势越高，即使产品的社会价值不变，也会形成一个新的价值差额部分（$a_{社会}-a_{基础}$），这个差额部分就是区域内创造性总体劳动的贡献。

三、创造性劳动价值对商品交换规律的影响

传统理论认为商品的价值量取决于社会必要劳动量。在完全竞争的条件下，商品的供求平衡时，商品的价格等于价值；在不完全竞争的条件下或商品供求不平衡时，商品的价格“背离”价值。

如果用数学公式来表示就是：

$$N_{必需i}\times t_1=N_{供给i}\times a_{pi} \qquad (10-3)$$

式（10-3）中，$N_{必需i}$表示社会能够对产品按价值进行支付的商品量（或社会对商品的有效需求量），t_1为单位商品的价值（即与生产该

单位商品所耗费的社会必要劳动时间同数量的商品价值），$N_{供给i}$为实际生产量或市场供给量，a_{pi}为商品的市场价格。由于式（10-3）左边的$N_{必需i}$是一个稳定量，t_1是一个确定量，而右边的$N_{供给i}$与a_{pi}都是变化量，因此有：当部门向市场提供的产品量$N_{供给i}$大于有效需求量$N_{必需i}$时，商品的市场价格a_{pi}小于价值t_1。而当部门向市场上提供的产品量$N_{供给i}$等于社会对产品的有效需求量$N_{必需i}$时，商品的市场价格a_{pi}等于价值t_1。因此，式（10-3）很好地描述了商品的市场价格围绕价值上下波动的情况，或者说，很好地描述了传统理论的价值规律或商品的交换规律。

由于在交换规律中引入了社会必要劳动时间的概念，传统的价值交换规律仅在一般性劳动产品的情况下成立。在产品包含创造性劳动价值凝聚的情况下，产品的交换规律（或价值规律）应表述为：

现代商品的价值量决定于商品的社会认同值a_i。在完全竞争和自由选购的情况下，商品供求平衡时所形成的均衡价格等于商品的社会认同值a_i，而a_i即为商品的价值量度（a_i也可以表示为αt，其中α是可变倍数，是一个远大于复杂劳动系数β的倍数）。

$$N_{必需i} \times a_i = N_{供给i} \times a_{pi} \quad (10-4)$$

与式（10-3）不同的是式（10-4）的两边（即a_i与$N_{供给i}$、a_{pi}）都是可变量，而且a_i与a_{pi}是在竞争过程中以“社会的方式”同时确定的。

当商品不包含创造性劳动价值的凝聚或当创造性劳动（或其产品）丧失新颖性时，商品的社会认同值（a_i）就转化为社会必要劳动价值量（t_1）。产品中所包含的创造性劳动将首先转化为复杂劳动，最后还有可能进一步转化为简单劳动。

商品交换规律的新表述使我们对自觉运用价值规律来指导生产和商

品流通有了新的认识：不断提高劳动生产率，使产品的个别价值量降低和低于社会平均必要劳动量的水平，这只是问题的一个方面。不断创造新产品，增加产品的创造性劳动价值的含量，使商品独具特色；不断提高企业和产品的知名度，创名牌、名企；不断释放人的创造性能力，依靠科学技术进步增加产品的交换势和区域内的总体交换势从而增加社会对产品的有效需求量、提高产品的社会认同值，这些才是我们自觉运用价值规律的最本质、最重要的方面。

第十一章

创造性物化劳动的价值增值功能

通过上文的论述，我们已经初步建立起创造性劳动价值论的理论框架。这个理论“框架”可以为发展和完善传统劳动价值理论提供新的思路。它的基本观点是把人类形成社会生产力和创造产品价值的劳动抽象为两类（劳动）：一般性劳动和创造性劳动。前者的内涵完全等同于传统理论中的“人类抽象劳动”的内涵。它的最本质的特征是可以“求社会平均”和劳动的效果与劳动时间有直接关系，因而可以引入“社会必要劳动时间”概念来进行评价。后者是一类特殊性质的劳动，其劳动的内容和形式尚未在社会范围内扩展开，其本质特征是不能求社会平均，且劳动的效果与劳动时间无直接关系和创造性劳动主体不能作为“社会平均劳动力”存在。在现代市场经济社会中，两类劳动共同创造价值并共同构成“现代商品”的价值实体①。关于“现代商品”的价值量度问题及其对商品交换规律的影响问题，我们已经在前面的章节中作了较为详尽的研究。

一切劳动都可以在时间方向上划分为正在进行的劳动（活劳动）和过去已经完成了的并以物化的方式积累起来的劳动（物化劳动），具有价值和使用价值。商品包括现代商品中的绝大多数都是物化劳动。本

① 这里的“价值实体”是异质性劳动的凝结（即创造性劳动与一般性劳动的共同凝结），它是“使商品转化为价值的东西（或实体）”，但所“转化”的价值量是不确定的或可变的，这一点不同于传统理论中的“价值实体”，后者已被还原为一定数量的简单劳动的凝结，因而是“使商品转化为与简单劳动同数量的价值量的东西”。

书中提到的物化劳动指能够构成社会生产条件组成部分的特殊类型的物化劳动，如机器、设备、劳动工具等劳动资料部分。

我们可以将全部物化劳动也分成两类：一般性物化劳动与创造性物化劳动。前者是一般性劳动的凝聚物品，后者主要是创造性劳动的凝聚物品。传统劳动价值理论对作为劳动资料的物化劳动，即一般性物化劳动作了较为详尽的论述，并得出了“机器不创造价值”和“只转移不大于自身价值的价值”以及“剩余价值只是来源于资本的可变部分”[①]等重要论述。随着科学技术的迅速发展，生产自动化程度的不断提高，一般性活劳动力的使用相对减少，第三产业在国民经济中所占比重越来越大，追求产品的科技含量和高附加值已成为企业的主要竞争手段，并已形成了广泛的社会共识。传统价值理论的结论用于解释现实情况遇到明显的困难。其根本原因在于缺乏“两类劳动”和“两类物化劳动”的观点，因而忽视了对创造性物化劳动的特殊使用价值和功能的研究。本章我们将依据前述创造性劳动价值论的基本观点，对创造性物化劳动的内涵、特点、特殊使用价值、价值增值功能等问题作初步探讨。

一、一般性物化劳动与创造性物化劳动

一般性物化劳动是一般性劳动（即人类抽象劳动）的凝聚物品。它必然带有它所凝聚的一般性劳动的特征。由于一般性劳动的定义是指劳动的内容和形式已经在社会一定范围内充分扩展了的劳动，因此，一般性物化劳动也具有与一般性劳动相类似的三个重要特点。

一是应用的普遍性。由于一般性劳动是其劳动的内容和形式已经在社会范围内广泛扩展开来的各种具体劳动的抽象概括，所以，一般性物

① 马克思. 资本论（第一卷）[M]. 北京：人民出版社，1975：219.

化劳动也是已经在社会范围内普遍应用的各种具体物化劳动的抽象概括。各种具体的一般性物化劳动构成“社会平均生产条件”的组成部分并成为传统理论定义“社会必要劳动时间”的前提条件。例如，厂房、电力等动力设备、通用电气设备、运输工具、通信设备、一般性能的机床和加工设备等，都是在社会范围内已经广泛应用的各种一般性物化劳动。凡是要进行有规模的商品生产，都离不开它们。它们是现代社会商品生产的物质前提。

二是种类繁多。它可以是以“硬件”的形式存在的一般性劳动产品，例如各类机器、设备等生产资料；也可以是以“软件”的形式存在的复杂劳动或智力劳动产品，例如已经定型的建筑设计图纸、广泛应用的电脑软件和技术资料、教学资料、管理方法等，由于其广泛的社会扩展程度，可以归结为一般性物化劳动的范围。

三是理论价值量是一个确定量。任何一种一般性物化劳动，都可以按照传统价值理论从理论上确定它的价值量，这个价值量即等于生产这种物化劳动（产品）的社会必要劳动时间。一般性物化劳动（产品）服从传统的商品价值交换规律：在完全竞争的条件下，商品供求平衡时，商品的价格等于价值；在不完全竞争条件或供求不平衡时，商品的价格“偏离”价值。

从上述关于一般性物化劳动的特点可以看出，这种物化劳动的最本质特征是它所“物化”的劳动内容和形式已经在社会范围内广泛扩展，因而可以求社会平均和从理论上先于市场交换来确定其价值量。这类物化劳动作为劳动资料产品，已经经过较长时间的激烈竞争与交换，转化为“社会平均生产条件”的组成部分并成为价值计算的起点或“平台”。换句话说，社会必要劳动时间的确定，是以这种物化劳动在社会上普遍采用为前提，因此在生产过程中它自然只能“转移”不大于自身价值的价值，而不能发挥价值增值作用。

创造性物化劳动是包含创造性劳动的物品。所谓创造性劳动，是指人类创造新事物、新方法、新理论和不断开辟它的应用范围的活动；也是指人类进行新发现、新发明，创造新技术、新工艺，开发新产品和开辟新的市场的活动；还指人类开拓新的活动领域，不断冲破常规、捕捉新的机遇，开创新的事业的创新和创造活动。创造性劳动可以是个人的活动，也可以是一定的劳动群体对某个体的创造性思维成果、见解和主意取得共识后有组织的共同劳动。创造性劳动从根本性质上来讲，由于其独创性、新颖性、开拓性，其劳动的内容和形式尚未在社会范围内扩展开，因而它的物化形式——创造性物化劳动也具有以下几个相对应的重要特点：

一是创造性物化劳动仍具有新颖性、独创性、先进性等独特的性能。创造性物化劳动尚未转化为“社会平均生产条件”的组成部分，也尚未在社会范围内普遍采用。其原因可能是产品刚发明和应用不久，或者是由于技术垄断、投资风险、一次性投资过大等因素，阻碍了生产新产品的新技术向社会扩散的速度和进程。

二是创造性物化劳动包括的范围仍然相当广泛，其种类仍然繁多。它可能以“硬件”的形式存在，例如是一种实用新型发明、一件新产品样品、一种具有独特性能的加工设备或工程机械、一套先进的电子计算机硬件系统、一条自动化生产线或能够生产高质量产品的专用设备、一种先进的测量仪器等。它们也可能以“软件”的形式存在，例如是一种发明专利的设计图纸及技术方法说明，一种尚未普遍应用的计算机“软件”，一种独特的工艺和配方等。它们也可能是一种“无形资产”，例如名牌商标、商誉很高的企业名称，两者均是企业经营者和职工群体长时间创造性劳动的积累和凝聚的物品。这些“无形资产”具有（社会）价值，例如一个著名商标相当于一笔巨额资产，它还具有使用价值，一个新的商品生产者购买到它的使用权，可以按名牌商标的产品要求进行生产，生产的产品也是商誉很高的名牌产品，因而可以获得较大的经济效益。这些“无形资产”是原企业经营者和职工长时期创造性劳动成果的积累和延续的效应，是一种特殊的带有群体特征和在世界范围内获得广泛认同的创造性物化劳动。

三是创造性物化劳动的价值计算不可能按照传统理论由社会必要劳动时间确定。由于创造性劳动创造的价值不是一个可以在理论上预先决定的确定量，而是一个与市场（有效）需求有关的可变量，理论上可以断言的仅仅是创造性劳动作为价值实体的因素之一与一般性劳动（它的量可以确定）同时物化在劳动产品上了。一个可变量与一个确定量相加仍然是一个可变量，因此包含创造性劳动价值凝聚的产品价值量是一个可变量。它的价值量度要经过多次市场交换并且最终形成一个“均衡价格”之后才能确定（即必须以“社会的方式”决定）。这个创造性劳动产品的市场“均衡价格”即该产品的“社会认同值”。[①] 创造性物化劳动作为创造性劳动产品的特殊组成部分，它服从新的交换规律，即按照比社会必要劳动时间概念的意义更为普遍的“社会认同值”进行交换。

四是创造性物化劳动的概念具有相对性。所谓相对性有两重含义。其一，在一定的区域已经广泛使用、普及的创造性物化劳动，它已经转

① 与社会必要劳动时间同数量的商品价值或称价值的第一含义，社会认同值也可以理解为价值的第二含义，或第二含义的社会价值。

化为一般性物化劳动，但对于生产力更为落后的其他区域它可能还具有新颖性、先进性、独创性，因而还具有创造性物化劳动的主要特征；其二，当创造性物化劳动被社会普遍采用以后，将失去新颖性、先进性和独创性，转化为一般性物化劳动和“社会平均生产条件”的组成部分。

创造性物化劳动最本质的特点，在于其具有新颖性、先进性、独创性等独特的性能和尚未在社会范围内普遍采用，从而尚未转化为“社会平均生产条件”。正因为如此，创造性物化劳动才具有一般性物化劳动即一般的机器、设备等生产资料所没有的特殊的使用价值——参与一般性劳动生产过程的价值增值作用，而创造性物化劳动之所以具有上述特殊的使用价值，其根本原因在于它所“物化”的创造性劳动是一种完全不同于一般性劳动的特殊类型的劳动。

二、创造性物化劳动的特殊使用价值

创造性劳动创造价值的过程与一般性劳动创造价值的过程的一个显著的不同在于，前者在一般情况下可以划分为两个独立进行的过程或环节。也就是说，创造性劳动先作为一个独立过程或环节完成以后，得到一个创造性劳动成果（这一般表现为创造性物化劳动的形式，这种形式的创造性劳动成果可以具有一定的交换价值，它至少等于该项成果在技术市场上取得的社会认同值），同时，它还具有特殊的使用价值，即在生产过程中具有特殊的价值增值功能。创造性物化劳动的应用过程实质上是创造性劳动延续的另一个独立过程或环节，在这个过程或环节中，实现了创造性劳动主体在第一个环节中的构思或意图。而后者（即单纯的一般性劳动创造价值的过程）在多数情况下不能够划分为两个独立进行的过程或环节，也就是说，在多数情况下一般性活劳动进行的过程同时也就是它创造（社会）价值的过程，两者是不可区分的。

创造性物化劳动具有特殊的使用价值，也即在生产过程中具有价值增值的功能。这一点与一般性活劳动力作为价值的源泉的特殊的使用价值完全相类似，但也有差别。鉴于这个问题的重要性，我们将做进一步的论述。

（一）创造性物化劳动的特殊的使用价值

创造性物化劳动在生产过程中具有价值增值功能的原因在于创造性物化劳动的特殊使用价值。创造性物化劳动在生产过程中的特殊使用价值集中表现在以下四个方面：

一是通过扩大一般性劳动的相对能力，即通过提高劳动生产率的方式进入价值增值过程。这时创造性物化劳动可能是一套工艺、设备改进的图纸和技术方法说明。在这种情况下，产品的特性一般并没有什么变化，但提高劳动生产率以后的一般性总体劳动已经融入了应用科学技术、改进工艺设备的创造性劳动，从而“转化”为与原来的一般性总体劳动不同质的较高级的总体劳动。这里有两点值得注意：一是传统理论正确地指出，创造价值的劳动是总体工人的劳动，但本书则进一步指出创造价值的劳动是一般性总体劳动。在一般情况下，两者的内涵是相同的，但在某些情况下，后者的外延要更广泛一些。二是提高劳动生产率以后的一般性总体劳动已经是与原有的一般性总体劳动不同质的较为高级的总体劳动，或者更准确地说，已经成为创造性总体劳动的一部分。这里我们假设提高劳动生产率是应用某种技术发明来实现的。技术发明是一种创造性劳动，技术发明要在企业应用必须由技术部门进行设计及重新编制工艺、培训工人，添置或改进设备等。在这个过程中，可能有企业新的创造性劳动的投入，例如对技术发明结合工厂实际的改进和实用化等。这个过程完成以后将形成以技术发明的那种创造性劳动为核心的，包括企业新的或后继的创造性劳动投入和大量的一般性劳动的创造性总体劳动。这样的假设并不影响结论的普遍性。

二是创造性物化劳动通过使一般性总体劳动独特化，使产品特色化的方式进入价值增值过程。这种情况下创造性物化劳动可能包括新发明、新技术、新工艺、新设备的设计图纸和技术说明，包括一些关键性的仪器和设备。这时产品的质量、性能、特点可能有较大的改进，具有了新的特色。产品可以在原有社会上大量同类商品范围内独树一帜，不再参与“求社会平均”的过程。由于创造性物化劳动的应用，原有的一般性总体劳动也因为融入了创造性劳动而独特化，从而带有创造性劳动的主要特征。

三是创造性物化劳动通过扩大一般性劳动的绝对能力和扩大劳动领域的方式进入价值增值过程。这时创造性物化劳动可能是一台高性能的先进机器设备和测量仪器。例如，利用这些先进设备可以达到比一般机器更高的加工精度，可以压制超薄的金属板，可以显微加工，可以进行光刻或提高光刻的精度，可以产生超高压等。总之，可以提升一般性劳动的绝对能力和扩大劳动领域，从而使产品具有独特的性能。这时创造性物化劳动的应用过程就是使一般性总体劳动独特化和使产品“跳”出“一般性”的过程。

四是创造性物化劳动具有“要素激活”的作用和功能。所谓“要素激活”的作用，是指创造性物化劳动的应用可以将原配置的生产要素从闲置状态、负运行状态（即产出小于投入的状态）“激活”到正运行状态（即产出大于投入的状态），从而产生出巨大的整体效益的那种功能。在现实社会中，一个企业由于产品陈旧或存在质量、技术问题，产品严重滞销，处于长期经营亏损状态（即负运行状态），这时引进一项新产品、新技术、新工艺或新的管理方法，往往可以使企业起死回生。比如，一个成功的企业拥有一个著名的“商标”，当它兼并、联合一个长期经营亏损的企业，一般只需较少的投入和引入新的经营管理方式，就能扩大名牌产品的产量。原有的亏损企业的生产要素被“激活”，从而产生巨大的经济效益。这样的例子在现实生活中是屡见不鲜的。

（二）创造性物化劳动的价值增值功能

上面我们已经讨论了创造性物化劳动的特殊使用价值，即它所具有的使一般性活劳动（一般性总体劳动）高效化、独特化和具有新质，使劳动产品特色化或具有独特的性能等功能，具有将处于闲置状态或负运行状态的生产要素“激活”到正运行状态从而产生巨大的整体效益的功能，下面，我们将进一步论述由上述特殊功能所导出的创造性物化劳动在生产过程中的价值增值功能。

首先，创造性物化劳动与一般性劳动相结合，形成了高效化、独特化和具有新质的总体劳动，它在生产过程中创造的总价值，要远大于一般性活劳动力的交换价值与创造性物化劳动交换价值的总和。这里的一般性活劳动力的交换价值与创造性物化劳动的交换价值分别指在某一特定的生产过程中两者所耗费的价值（二者之和为总成本价值）。创造的总价值与总成本价值的差额即这一特定生产过程中创造的剩余价值，既包括一般性活劳动的贡献，也包括应用创造性物化劳动和凝聚在物化劳动中的创造性劳动本身的贡献。①

在一般性劳动的相对能力提高即单纯提高劳动生产率的情形下，产品中所凝聚的实际上是已被高效化和赋予新质的总体劳动，因而比原有的一般性活劳动的凝聚具有更大的价值。在应用创造性物化劳动而使一般性劳动独特化，使劳动产品特色化的情形下，产品中凝聚的不仅是被独特化而带有创造性劳动主要特征的总体劳动，而且特色化了的产品不再参与“求社会平均”的过程，产品的（社会）价值因而不再由“社会必要劳动时间”量度而具有更大的价值。在通过应用创造性物化劳动而扩大一般性劳动的绝对能力和扩大劳动领域的情形下，不仅劳动产品将具有独特的性能，而且产品中凝聚的劳动同样具有新质，因而具有更大的价值。

其次，在应用创造性物化劳动的生产过程中不仅形成了被高效化、独特化和具有新质的总体劳动，而且在这样的总体劳动中包含的一般性活劳动力在这一过程中创造的价值可以单独估算。其表达式为：

$$A_{一般}=C_{一般}+V+\overline{M} \tag{11-1}$$

其中，$C_{一般}$为生产过程中与一般性物化劳动相对应的那一部分使用生产资料所耗费的不变资本，它并不包括购置创造性物化劳动的交换价值在这一生产过程中的平均耗费。V为可变资本，$\overline{M}$为投入资本（$C_{一般}+V$）以后应获得的平均剩余价值：

$$\overline{M}=\bar{r}\times(C_{一般}+V) \tag{11-2}$$

其中$\bar{r}$为平均资本利润率。

① 理解在剩余价值中包含着上一个环节中的创造性总体劳动（包括应用科学技术成果）的贡献对正确理解剩余价值的本质是非常重要的。这也是非常明显的事实，比如，三峡电站每日发送电取得的巨额利润（剩余价值）无疑包含有上一个环节（前期论证、科学研究、设计与建设工作环节）所投入的创造性劳动（包括创造性物化劳动）等社会总体劳动的贡献，而不仅仅是现在的一线工人的一般性劳动的贡献。

一般性活劳动力在应用创造性物化劳动的生产过程中创造的价值可以单独估算这一点具有关键意义，而且显然与现实情况相符。

因为在应用创造性物化劳动的场合，一般是运用新技术、新设备和提高自动化程度，常伴随着一般性活劳动强度的降低，操作变得更为简单，“使用机器基本原则在于以简单劳动代替熟练劳动”①，普通工人经过一定时期的培训即可以胜任。我们说一般性总体劳动被高效化、独特化和具有新质，实质上是讲活劳动与这种特殊生产条件紧密结合在一起从劳动的最终效果看已是一种高效化、独特化的新型总体劳动。一般性活劳动在劳动过程中同时实现了创造性劳动改造自然的构思和意图，也即实现了创造性劳动在第一个独立环节中创造了的，但未完全实现的价值。而在这一应用创造性劳动成果的生产过程中“耗费人的一定量的肌肉、神经、大脑等”并没有显著地增大，因此，一般性活劳动力对价值增值的贡献不可能大于式（11-1）所确定的量。这样，在这一过程中创造的总剩余价值与一般性活劳动力创造的剩余价值的差额部分就可以归结为创造性物化劳动的贡献。这里我们顺便指出，这一差额体现在产品上就构成了现代产品的科技含量。现代市场经济条件下企业竞争所追求的就是要通过尽力扩大这个差额部分来取得最大的企业经济效益。

在应用创造性物化劳动单纯提高劳动生产率的场合，产品的价值将等于社会价值，而一般性活劳动创造的价值表现为产品的个别价值，两者之间的差额即为应用创造性物化劳动的贡献。在应用创造性物化劳动而使一般性劳动独特化、使产品特色化和扩大一般性劳动的绝对能力与扩大劳动领域的场合，产品的价值由社会认同值确定，而当这种创造性

① 中共中央马克思恩格斯列宁斯大林著作编译局. 马克思恩格斯全集（第四十七卷）[M]. 北京：人民出版社，1979：363.

物化劳动被社会普遍采用而丧失新颖性、先进性、独创性以后，产品的价值将由社会必要劳动量确定，两者之间的差额也即应用创造性物化劳动的贡献。在应用创造性物化劳动的“要素激活”功能时，产生的巨大经济效益的差额，也应该完全归结于应用创造性物化劳动的贡献。最后，我们用一个简单的实例来说明式（11-1）和式（11-2）的含义。如某企业投入的不变资本为 90 万元，其中已包括购置性能独特的先进新设备（创造性物化劳动）费 40 万元，可变资本为 10 万元，产品的纯销售收入为 150 万元，而社会同类型的一般性商品的平均利润率为 20%；则一般性活劳动力创造的平均剩余价值 =（50+10）×20% = 12 万元，但这种独特性能的产品实际利润率 N =（150-100）÷100 = 50%，绝对额为 50 万元。与社会平均利润的差额为 38 万元，即为生产过程中应用创造性物化劳动的贡献（或者更准确地说，它反映了应用创造性物化劳动后形成的具有新质的创造性总体劳动的贡献）。

三、创造性物化劳动与一般性物化劳动价值增值作用的比较

创造性物化劳动在生产过程中的价值增值作用与一般性活劳动力的价值增值作用既有相类似的地方，又有重大差别。

创造性物化劳动的价值增值作用与一般性活劳动力的价值增值作用的类似地方或共同点表现为两者都是其特殊使用价值的独特功能。创造性物化劳动的特殊使用价值是使一般性活劳动高效化、独特化和具有新质，使其与社会上普遍存在的一般性活劳动区别开来，“转化”为一种具有创造性劳动的主要特征的新型劳动。“转化”一般性活劳动是其最本质的功能。“转化”后的新型劳动类似于传统理论中的“生产力特别高的劳动”，“生产力特别高的劳动起了自乘的劳动的作用，或者说，

在同样的时间内，它所创造的价值比同种社会平均劳动要多”,[1] 能够创造出超出“社会平均”的更大的价值。与之不同的是，一般性活劳动力“这个商品独特的使用价值，即它是价值的源泉，并且是大于它自身的价值源泉”。这就是说，一般性活劳动力的使用价值，例如劳动力一天的耗费大于劳动力的交换价值，即劳动力一天的维持费。这个差额部分的存在即一般性活劳动力使用价值的价值增值功能的直接表现。

创造性物化劳动与一般性活劳动力价值增值功能的重大差别还表现在以下两个方面：

一是对生产过程的价值增值的源泉来讲，创造性物化劳动的应用表现为比一般性活劳动力更强的增值因素，也即对价值增值作用贡献更大的因素。一般性活劳动力对价值增值的贡献表现为其使用价值超出其交换价值的差额部分，要增大这个差额部分只能降低劳动力的交换价值或增大其使用价值，也即延长劳动力的使用时间，但两者的差额是有限度的。这是一种加法或减法的效应。而创造性物化劳动的使用价值把一般性活劳动“转化”为高效化、独特化和具有新质的新型劳动，能够起劳动的自乘或倍加的作用从而能够创造出更多的价值。这是一种乘法或自乘的效应，因而是比一般性活劳动力的使用价值更大的增值因素。

二是创造性物化劳动在生产过程中的价值增值作用虽然表现为比一般性活劳动力更强的增值因素，但仍然不是一个独立的增值因素，也就是说，创造性物化劳动发挥价值增值作用离不开活劳动力的投入和使用；相反地，一般性活劳动力尽管是一个较弱的增值因素，但却是一个独立的因素，可以单独发挥作用或仅仅借助于一般性物化劳动就可以发挥增值作用。即使在高自动化的“无人工厂”的情形下，活劳动力的

① 马克思. 资本论（第一卷）[M]. 北京：人民出版社，1975.

使用可以减少到最低限度，但也不能为零，也要有活劳动的投入。例如“无人工厂”自动化生产线的安装、调试、维修，一般性程序设计等都需要一般性活劳动（还有物化劳动）的投入，它们与自动生产线成果的研制、设计、试验和实用化的创造性劳动一起形成了一个较高级的创造性总体劳动。正是这种独特的总体劳动创造了“无人工厂”的产品价值和剩余价值。综上所述，创造性物化劳动的价值增值作用具有非独立性，也就是说，创造性物化劳动与一般性活劳动力在生产过程中两者是共同发挥价值增值作用的。

四、创造性物化劳动特殊使用价值的意义

我们把创造性物化劳动从所有物化劳动中区分出来并指出它具有特殊的使用价值，能够在生产过程中发挥独特的价值增值功能，具有十分重要的理论意义。

一是以明白的方式肯定和描述了科学技术和创造性劳动成果进入价值增值过程的方式和途径。这对深刻理解“科技是第一生产力”的论断有重要意义。应当承认传统理论对科学技术的作用是非常重视的，但是传统理论仅认为科学技术对提高劳动生产率或增加使用价值的生产能力有贡献，只承认活劳动才是价值创造的唯一源泉。这样，科学技术能否进入和怎样进入价值增值过程都不很清楚。实际上传统理论在很大程度上排斥了科学技术或者排斥了创造性劳动成果能够直接进入价值增值过程。引入了创造性物化劳动的概念以后，科学技术正是以创造性物化劳动为载体，通过使一般性活劳动高效化、独特化和具有新质即“转化”为新型总体劳动（“创造性劳动价值论的第二定理”）或使劳动产品特色化，扩大一般性劳动的绝对能力和扩大劳动领域等方式直接进入

价值增值过程的，而且是以比一般性活劳动更强的增值因素直接进入价值增值过程的。这充分显示了科学技术作为第一生产力的巨大作用。不仅如此，那些尚不能完全归结于科学技术的、日常生活中常见的群体性创造性劳动成果，如名牌商标、商誉极高的企业名称、独特的企业精神和管理模式等，都可以归结为一种独特的创造性物化劳动（或其积累），并具有特殊的价值和使用价值，它们的特殊使用价值也具有价值增值功能。这些结论无论在理论上还是实践上都是非常有意义的。

二是创造性物化劳动概念的提出和其价值理论是对传统劳动价值理论的补充和完善。它能使我们更深刻地理解传统价值理论建立的前提条件和理论适用的范围。传统理论包含几个基本观点：①人类劳动，即抽象人类劳动的同质性，商品的价值“只是无差别人类劳动的单纯凝结”；②活劳动力的特殊使用价值创造了商品的价值和剩余价值，即它是价值的源泉，而且是唯一的源泉；③机器（即物化劳动）不创造价值，机器在生产过程中只转移不超过其自身价值的价值。

传统理论的第一个观点，说明其是一个抽象度过高、过于简化的理论。所谓抽象度过高，是指把许多具有某些同性质的事物直接分解为基本元素而忽略其是中间层次、中介组织的理论抽象方法。传统理论从千千万万个具体劳动中抽象出同质的、可以“求社会平均”的人类抽象劳动，排除了具有特殊性质，其本质特征是不能“求社会平均”的创造性劳动，影响理论的适用范围。当然，“同质性劳动”假设的提出是为了简化论证方法，为了解释异质性劳动产品能够互相比较的“通约性”不是货币，而是更深层次的东西，即生产它们所耗费的劳动，但由于异质性劳动（比如复杂劳动、熟练劳动、生产力特别高的劳动）的普遍存在，又不得不将这些异质性劳动预先还原成多倍的简单劳动，而这个多倍的“倍数”又是一个未知数，需要在“社会过程”（或市场）中确定,[①] 这就使理论不可避免地包含着“循环论证”的缺陷。

传统理论的第二个观点与第一个观点有密切的联系。由于传统理论对创造性劳动没有展开研究，因而也没有抽象出创造性物化劳动的概念和对它展开研究，传统理论对科学技术的作用分析主要限于对提高劳动生产率场合的描述。对于应用创造性物化劳动而使一般性活劳动独特化、使劳动产品特色化和扩大一般性劳动的绝对能力或扩大劳动领域以及对生产过程的价值增值作用都未涉及。这对于应用传统理论来解释现代市场经济的一些现象就显出局限性。从上述两点可以看出，创造性物化劳动的概念和理论是对传统理论的重要补充和完善。

关于传统理论的第三个观点，重要的是要了解它论证的前提条件和适用范围。传统理论一方面指出，“像不变资本和任何其他组成部分一样，机器不创造价值，但它把自身的价值转移到它所生产的产品上。就机器具有价值，从而把价值转移给产品来说，它是产品价值的一部分”。[②] “机器总是全部地进入劳动过程，始终只是部分地进入价值增值过程。它加进的价值，决不会大于它由于磨损而且平均丧失的价值”。“如果我们不算机器和工具二者每天的费用……那么，它的作用是不需要代价的，同未经人类加工就已经存在的自然力完全一样，机器生产作用的范围越是比工具大，它的无偿服务的范围也就越是比工具大”。[③] 另一方面传统理论在论述机器和大工业的作用时又指出，“随着机器在同一生产部门内普遍应用，机器产品的社会价值就降低到它的个别价值的水平，于是下面这个规律就会发生作用：剩余价值不是来源于资本家用机器所代替的劳动力，恰恰相反，是来源于资本家雇来使用机器的劳动

①②③ 马克思. 资本论（第一卷）[M]. 北京：人民出版社，1975.

力。剩余价值只来源于资本的可变部分”。[①] 这一段论述充分地说明了，劳动力作为剩余价值唯一源泉这个规律发生作用的前提条件是机器在同一生产部门内普遍使用和产品的社会价值降低到其个别价值（准确地说是“个别劳动时间”）水平以后发生的事情。也就是说，创造性物化劳动转化为一般性物化劳动的“中间过程”的研究在传统理论中被舍弃、抽象掉了，而创造性物化劳动理论研究的着眼点正是这个“中间过程”，因而是对传统理论的一个重要补充和完善。在这个“中间过程”中，将会有以下变化和趋势：

（1）创造性物化劳动在生产过程中的价值增值功能将会逐步丧失，最终变成单纯的“转移”：即“转移”总量不会超过自身的价值。

（2）应用这种创造性物化劳动生产的产品价值将由社会认同值或社会价值“转化”为“社会必要劳动量”，或者说“转化”为由社会必要劳动量来衡量的个别价值。

（3）这种创造性物化劳动将“转化”为一般性物化劳动和社会平均生产条件的组成部分，并且社会必要劳动时间的计算将把这种物化劳动为社会普遍采用作为前提条件和计算的起点。这就是说，“机器不创造价值”或者更正确地说，一般性物化劳动不再具备价值增值功能，几乎像自然力一样为生产提供无偿服务只是社会生产力和科技进步发展到一定阶段的结果。

（4）在这样的“一定阶段”到来之前的或长或短的时间段内，只要社会对创造性劳动或应用创造性物化劳动生产的“现代产品”保持着足够的有效需求量，这些“现代产品”在市场上就可以实现比一般性劳动产品更大的价值和剩余价值（此时的剩余价值“来源于资本家

① 马克思. 资本论（第一卷）[M]. 北京：人民出版社，1975.

用机器所代替的劳动力”），而且即使在发达国家或地区这“一定阶段”已经达到，但相对于另一个欠发达的国家或地区来说，这些产品仍然具有创造性劳动产品的特征，因而在与欠发达国家或地区的商品交换中，仍然可以实现更大的价值和剩余价值。

三是对高自动化技术装备场合剩余价值和超额剩余价值的来源有了一个比较符合现实情况的明确解释。例如在大量使用“机器人”和自动装置的“无人工厂”“无人码头”的场合利用传统理论的解释确实存在着难以克服的困难。传统理论对这个问题主要有两种解释：第一种认为剩余价值和超额剩余价值来源包括科研设计、调试、安装、维修服务的“总体工人”的劳动，包括科研设计、培训、调试运行中的高质量的“复杂劳动”。第二种认为剩余价值和超额剩余价值主要来源于社会总体剩余价值。

第一种解释在对“总体工人”的范围界定上，本身已超出了传统理论中企业“总体工人”概念的范围，至于要界定到哪里为止才合适，这是一个难题，但这种解释中也包含着一些合理的东西。主要问题在于没有抽象出创造性劳动和创造性物化劳动的概念，没有对高自动化技术装备和“机器人”这样独特的创造性物化劳动的特殊使用价值进行深入分析。第二种解释有把社会剩余价值来源的基础建立在低技术企业创造的剩余价值向先进生产条件企业“转移”的基础之上的嫌疑，明显地不符合现实情况，也不符合“科技是第一生产力”的论断。实际上是把传统理论在一定的条件下得出的结论绝对化、普遍化。

按照创造性物化劳动的理论，上述问题很容易理解：第一，在高自动化或“无人工厂”“无人码头”的场合大量使用电子计算机、传感器、各种智能机器设备、无线电通信网络、软件等创造性物化劳动（体系），这些创造性物化劳动（体系）具有特殊的使用价值，即能够使一般性总体劳动（操作工人、维修工程师等所体现的劳动）高效化、特色化和具有新质，从而使其转化为一种具有创造性劳动主要特征（即不能“求社会平均”）的新型总体劳动，因而能够创造出更大的价值和剩余价值；第二，高自动化和“无人工厂”“无人码头”也仅仅意味着活劳动的投入和使用可以减少到最低限度，但“无人工厂”“无人码头”的调试、安装、操作、维修仍离不开一般性活劳动；第三，一般性活劳动要创造自身的价值和平均剩余价值，它们与新型总体劳动创造价值和剩余价值的差额表现为创造性物化劳动对价值增值的贡献；第四，这些高自动化的创造性物化劳动是一种独特的生产条件，当它们在社会范围内普遍应用以后将“转化”为一般性物化劳动和社会平均生产条件的组成部分，产品价值计算的起点将改变和降低到按社会必要劳动时间衡量的个别价值水平之上。但是即使在一个发达国家（或地区）的范围内实现了这些高自动化的创造性物化劳动的普遍应用，相对于其他较落后的国家（或地区）来说，这些高自动化的设备仍然带有创造性物化劳动的性质和特点，应用它们所生产的产品和服务仍然可以在与较落后的国家（或地区）的商品交换中实现更大的价值和剩余价值。

四是创造性物化劳动具有“要素激活”的功能，对搞活公有制企业和国有资产有重要的现实指导意义。一个长期经营亏损的公有制企业和闲置的国有资产通过兼并、联合引入创造性劳动和应用创造性物化劳动可以“激活”，从而产生巨大的经济效益。这样投入较少且效果明显。

五是创造性物化劳动的理论能够使我们更深刻地理解价值规律的本质和更有效地利用价值规律。不断提高劳动生产率、使产品的个别价值量接近于或低于社会平均必要劳动水平，这只是利用价值规律的一个方面，大量应用创造性物化劳动和不断进行新的创造性劳动，使产品特色化，使一般性总体劳动独特化，使产品和一般性总体劳动不断跳出“社会平均化”的过程，加大产品的科技含量，发挥创造性劳动和创造性物化劳动的“要素激活”作用，这些才是自觉运用价值规律的最具本质意义和更为重要的方面。

第十二章

创造性劳动价值的实现问题研究

本章的主题是研究创造性劳动价值的“实现”问题。所谓“价值实现”，在一般性劳动创造商品价值的场合，是指在生产过程中劳动者群体创造的价值量［它与生产过程中投入的劳动量（价值实体）同数量］在市场上能够“转化”为多少实际的价值量，而后者是由一定数额的货币量代表或表现的。创造的价值量与实际的或实现的价值量两者是有区别的，而且在一般情况下，前者要大于或至少等于后者。而在创造性劳动（特别是创造性总体劳动）创造商品价值的场合，前者要大于或远大于后者。所以，研究创造性劳动的“价值实现”问题具有更为特殊的意义，而且这对正确、全面地理解现代市场经济社会条件下的资本的积极方面的作用和意义非常重要。在开始以前，我们先对前面几章所研究过的关于创造性劳动价值论的一些基本观点再进行一下简单的总结（熟悉这一部分内容的读者可以跳过以下两节内容的阅读）。

一、创造价值的劳动的分类方法

劳动二重性原理是马克思劳动价值论的理论核心：抽象的人类劳动简称抽象劳动，形成了商品的价值；而具体劳动，创造了商品的使用价值。

《创造性劳动价值论》把人类创造价值的抽象劳动进一步划分为两类：即一般性劳动和创造性劳动。在一般情况下，两类（抽象）劳动共同创造现代商品的价值。

所谓一般性劳动，是指劳动的内容和形式已经在社会一定范围内充分地扩展开了的劳动。它把马克思劳动价值论中定义的各种简单劳动和复杂劳动都包括在内。它具有以下三个重要特点：

一是一般性劳动的最终效果和价值评价与劳动时间具有直接的相关性。一般性劳动的最终效果的评价，在理论上可以引入“平均必要劳动时间或社会必要劳动时间”的概念来进行。一般性劳动的每一单个劳动力，可以具有“社会平均劳动力”性质。一般性劳动中的复杂劳动，可以折合成“倍加的”多量的简单劳动。“劳动效果与劳动时间直接相关，可以参与求社会平均”是一般性劳动最重要的本质特征。

二是一般性劳动具有广泛性。在现代社会中，一般性劳动包括的范围相当广泛，至今仍然是人类社会生存和发展的基础。在第一、第二、第三产业中难以列举的从事各种各样职业的生产劳动，由于其内容与形式已在社会上广泛扩展，都可以归结为一般性劳动的范围。

三是属于一般性劳动的相同种类的具体劳动主体具有可换位性。例如，一个电气工程师，一个纺织工人，一个炼钢工人，一个高等学校的普通物理、数学教师，等等，他们的工作岗位总是可以被其他从事相同职业的劳动者所替换（当然，有可能需要一些简单的培训或短期学习才行），而被替换后的劳动效果在一般情况下大体一样，这正是一般性劳动存在劳动力商品市场的原因。

所谓创造性劳动，是指人类创造新事物、新方法、新理论和不断开辟它的应用范围的活动；也是指人类进行新发现、新发明，创造新技术、新工艺，开发新产品和新的市场的活动；还指人类不断开拓新的活动领域，不断打破常规，捕捉新的机遇，开创新的事业的创新和创造活动。创造性劳动可以是个人的活动，也可以是一定的劳动群体，对某个体的创造性的思维成果、见解和主意取得共识后有组织的共同劳动——即创造性总体劳动。创造性劳动从根本性质来讲，由于其独创性和新颖性、开拓性，其劳动的内容和形式尚未在社会范围内扩展。对于经济学有意义的创造性劳动是专指具有生产性的创造性劳动，也即直接或间接与创造商品价值有关的创造性劳动。它也具有以下三个重要特点：

一是创造性劳动的最终效果与劳动过程进行的时间无直接关系。创造性劳动过程需要花费时间，但创造性劳动成果却与时间无多大关系：可能在很短的时间内，花费较小的代价却取得重大突破，获得巨大的成功；也可能经过长时间的探索，花费了巨大的人力、物力却一事无成。每一种创造性劳动都是独特的、异质的，因此，对创造性劳动成果的评价在理论上无法引入“平均必要劳动”或“社会必要劳动时间”的概念来进行。不能“求社会平均”，这是创造性劳动的本质特征。这也是不难理解的，因为这种独特的、新颖的劳动无论内容还是形式根本就未在社会范围内扩展开。

二是创造性劳动的范围仍然相当广泛。它或者以独立的形态存在，或者与一般性劳动相结合，也即是在一般性劳动中孕育着新的创造性劳动。在当今人类活动的一切领域中，都可以看到创造性劳动在发挥作用，而且哪个领域发展和进步速度最快，在哪个领域内创造性劳动的作用与贡献就越明显。

三是从事创造性劳动的单一主体很难具有可换位性。创造性劳动过程同样需要“耗费人的一定量的肌肉、神经、大脑，等等”，但创造性劳动主体却不能作为“社会平均劳动力”存在。在一般情况下，创造性劳动主体是以人力资本所有者的身份出现在要素市场上的。

从上述一般性劳动的三个重要特点可以看出，我们定义的一般性劳动概念的内涵正与马克思劳动价值论的“抽象劳动”概念相重合。因此，实际上，对于一般性劳动，马克思政治经济学已作了较为透彻的研究：以一般性劳动概念为基础，马克思论证了劳动的二重性，提出了“社会必要劳动时间”“劳动力商品”“剩余劳动”和“剩余价值”等概念，建立了“剩余价值理论”，揭示了资本主义生产关系包含的剥削本质，其历史功绩是不可磨灭的。同样地，从上述创造性劳动概念及其三个重要特点也可以看出，如果我们将劳动价值理论建立在一般性劳动与创造性劳动共同创造商品价值的基础上，将更能说明现代市场经济社会的特点和运行规律。

二、创造性劳动创造价值的特点和规律

与一般性劳动相比，创造性劳动创造商品的价值时呈现出不同的特点和规律：

（一）在同样的时间内，创造性劳动创造的商品价值总量具有不确定性或可变性

一个一般性社会平均简单劳动力工作 8 个小时，在产品中创造（或增加，以下略）了 8 个（劳动）小时的价值产品；一个复杂系数为 3 的复杂劳动力在 8 个小时内可以创造 24 个小时的价值产品。但一个创造性劳动主体在 8 个小时内创造的价值总量却具有不确定性或可变性：可能在 8 个小时内创造性劳动主体一事无成，创造的价值量为零；也可能其创新取得巨大的突破，创造了巨大的价值量。一般说来，如果我们把计算的工作时间放长为 1 个月、1 年或更长，创造性劳动主体创造的

价值量总额一定远比一个复杂劳动力创造的价值量大，否则现代社会就不可能存在大量的各种各样的创造性劳动职业岗位。

（二）凝聚足够多创造性劳动的现代商品的（个别）价值也具有不确定性或可变性

按照马克思的劳动价值论，一般性劳动产品的价值量是确定的。这一价值量可以由“社会必要劳动时间”来量度。而现代商品——我们指凝聚足够多创造性劳动的商品，其价值量都是不确定的或可变的，不能用“社会必要劳动时间”来量度。这对于一项单纯的创造性劳动产品，例如一件发明专利、一幅名画、一部长篇小说的原稿、一项科技成果，等等，是很明显的，因为它们包含的创造性劳动价值肯定是巨大的，但又是不确定的或可变的。对于众多企业开发的新产品，或者是科技含量高、特色强，具有驰名商标、品牌的产品来说，它们凝聚有足够多的创造性劳动，因而其内含价值也是不确定的或可变的，也不能“求社会平均”。

（三）创造性劳动对物质条件和一般性劳动具有依赖性

创造性劳动过程本身依赖于一定的物质条件，即需要耗费或利用先前积累的劳动成果或知识形态的创造性劳动产品。例如一个新产品的开发，事前需要科研人员吸收分析处理大量信息，选择现有的技术手段和材料，得出结论后才能进行创造性构思和设计，然后再设计工艺，指导试制实践和进行批量生产。这一整个创造性劳动过程中伴随着大量的资金、物质和一般性劳动的投入。又如，作为创造性劳动结晶的任何一项科学技术成果，其诞生和应用都需要物质条件和一般性劳动的双重投入。创造性劳动主体与较高级的复杂劳动力一样，进行创造性劳动都需要一定数量的生活资料。创造性劳动主体在一定的时间内创造的价值总量减去所耗费的生产资料、生活资料的价值与一般性劳动的双重投入量之差额即为“创造性劳动剩余价值”。一般情况下，创造性劳动主体所创造的创造性劳动剩余价值总额与现代商品中包含的创造性劳动剩余价值部分也都是不确定的或可变的。

（四）创造性劳动具有时效性、风险性、相对性

由于创造性劳动成果的总价值具有可变性与不确定性，其产品价值也是不确定的。创造性劳动产品的价值能否实现，不仅与产品对市场需求的适应性有关，而且也与创造性劳动产品的时效性有关。所谓时效性是指由于竞争，可能有更多更好的新产品出现，使原来的创造性劳动及其产品丧失了新颖性。创造性劳动的风险性还表现在：也可能创造性劳动成本投入很大，收效却很小，甚至完全失败，创造性劳动成果不能转化为现实生产力，等等。所谓相对性表现在两个方面：一是在一定的区域内已经广泛使用、普及的创造性劳动，但对于生产力更为落后的其他区域可能还具有新颖性、先进性、独创性；二是当创造性劳动的内容、形式在社会上普遍推广以后，将丧失新颖性、独创性、先进性而转化为一般性复杂劳动甚至转化为简单劳动。

三、创造性劳动价值的“实现”问题

从上述创造性劳动概念的内涵与创造性劳动创造价值的特点与规律的论述中可以看出，在一定的时间内创造性劳动主体所创造的价值总额、创造性劳动剩余价值总额以及创造性劳动产品的个别价值都是不确定的、可变的，还不能“求社会平均”和不能用“社会必要劳动时间”来表示其包含的价值量，那么它们的价值总额与个别价值又是如何决定的呢？这似乎是一个不可逾越的难题，因为按照传统的劳动价值论的思

路，必须先要在生产领域确定商品的价值量（它等于生产该种商品所耗费的社会必要劳动时间），然后再确定商品的“价格波动中心（自然价格）”，商品的市场价格就按供求关系围绕其价值“中心”进行波动。如果创造性劳动及其产品的价值量是不确定的、可变的，创造性劳动产品的“价格波动中心”又是如何决定的呢？或者说，创造性劳动产品的价格究竟有无“波动中心”？

前文提出了如何用“社会的方式”计量创造性劳动产品的价值量，或者说，已经寻找到了一定数量的创造性劳动产品（比如1000台智能型彩色电视机）的“价格波动中心”，即它们在市场上应“值”多少货币。这意味着，在短时期内生产出来的一定数量的创造性劳动产品的“价值实现”问题已经基本上得到了解决。

但是，如果我们拉长考察的时段，考察创造性劳动主体的创造性劳动成果（它一般是以创造性物化劳动的形式存在）在较长的时间段和在较大的空间范围内都未丧失独创性、新颖性的情形，特别是这些创造性劳动成果以各种具体形式与一般性劳动相结合，在每一个具体形式的场合，将形成一种具有新质的创造性总体劳动，并将在生产过程中再创造出大量的、新的价值和剩余价值。这些大量的、新的价值和剩余价值，既可以视为新的劳动者群体应用最初的创造性劳动主体的创造性劳动成果创造出来的，也可以视为这是原先的创造性劳动主体的创造性劳动成果的总价值和总剩余价值在新的社会关系与新的生产条件下所实现的价值和剩余价值。如果将这一较长时段内的各个具体形式所实现的价值和剩余价值量相加起来，这个最初的创造性劳动主体所创造的，并在以后的较长时段内（和在较大的空间范围内，以下略）所实现的价值和剩余价值总量，将是一个巨大的总量。

例如，《红楼梦》这部著作是曹雪芹披星戴月数十载、呕心沥血的创造性劳动成果，是一部经典名著，它在当时出版与发行（还有大量的手抄本）就创造了一定的价值量。直到现在，《红楼梦》还以书籍、画册、话剧、电影、电视剧等形式在全世界广泛传播并实现其所创造的价值量。可以预料，这种独特的创造性劳动成果的应用以及不断出现的新的应用形式，将无限期地持续下去。因此，曹雪芹的天才的创造性劳动成果所包含的价值和剩余价值是巨大的和难以估量的。当然，1987 年版的电视剧《红楼梦》本身也是一部难以超越的经典创作，它汇聚了电视剧的编剧、导演、演员、摄影、灯光、美术工作者的大量的、新的创造性劳动，但他们是在曹雪芹的创造性劳动成果的基础上进行再创造的。电视剧《红楼梦》的价值，既可以说是创作团队应用曹雪芹的创造性劳动成果进行再创造的结果，也可以视为曹雪芹的创造性劳动总价值在新的社会生产条件下的再实现。

又如，杂交水稻是袁隆平团队（包括协作团队）奋斗十数年的创造性劳动成果。现在杂交水稻已经在世界各地广泛推广和应用，创造和实现了惊人的价值和剩余价值（没有谁会否认今天的杂交水稻的产量中包含着袁隆平教授与团队的创造性劳动及其成果的贡献，他因此被称为杂交水稻之父是当之无愧的）。

上述事例启示我们，应该直接从创造性劳动产品的价值总量、剩余价值总量入手，不应仅限于去寻找单个（或单位）商品的“价格波动中心”，而应该更直接地去研究创造性劳动总产品的价值总量、剩余价值总量在市场上究竟能实现多少或者说能够转化成多少现实的价格总量和利润总量？也就是说，应该紧紧把握对价值实现问题的研究。关于创造性劳动价值的实现问题，有如下思考与说明：

第一，创造性劳动主体（个人或群体）创造的价值总量、剩余价值总量一定大于所能实现的价值总量、剩余价值总量，除非在实现过程中或创造性劳动成果的应用中有新的创造性劳动投入并融入其中。这就像自然界“积雨云层”中包含的“水汽”的总含量究竟有多少是一个难以确定的量，但它一定大于所能形成的“降雨量”一样，而“降雨量”是一个“可观测”的量。又例如上面讲到的我国著名小说《红楼梦》是曹雪芹披星戴月数十载的创造性劳动成果，它包含的创造性劳动价值是无比巨大的，至今出版界、影视界还以此实现价值和剩余价值或“利润”，而且可以预计，这个“实现”过程还可以以新的形式延续下去。一件发明专利（成果）可以在一个国家应用，也可以在多个国家或地区应用；对发明专利权可以进行短期保护，也可以进行较长时期的保护。这些操作都与实现的价值总量、剩余价值总量有关，但能够实现的价值、剩余价值总量一定低于发明专利所创造的价值、剩余价值总量，这也是非常明显的事实。

第二，创造性劳动主体创造的价值是在市场竞争中实现的，究竟能够实现多少价值量，一般情况下与企业家的努力（本身也可能是一种创造性劳动）和资本、一般性劳动、土地等生产要素的投入成正比。创造性劳动产品要在竞争性的市场上销售，竞争不仅体现为供给方与需求方之间的竞争，更体现为其他企业创造新的产品或取得新的突破使原有的创造性劳动产品丧失新颖性、先进性从而失去竞争力。

创造性劳动主体创造的总价值究竟能够实现多少价值量与在（各种）实现过程中能够动员和投入的生产要素量成正比例。例如，两支著名的足球队进行表演赛，球队的比赛活动可以比拟成创造性劳动的过程，球票的价格与两支球队的名气和水平及市场的有效需求有关。如果比赛体育场只能容纳2万人而市场有效需求又足够大，那么将限制球队的比赛总收入；如果足球场可以容纳6万人、10万人，总收入将增多，比赛活动也将实现更大的价值；但与此相应的，体育场地的建设费、折旧与维护的投入也会相应增加。如果在比赛时再增加投入并借助卫星频道进行有偿转播，让世界球迷欣赏，将实现更大的价值量，但资本等一般性劳动生产要素的投入也将增加；甚至还可以制成影视片、VCD或视频进行销售，球队创造的价值的实现量还可以再增加，当然，相应的资本投入也会增加。而两支球队所创造的总价值、总剩余价值，显然远大于在各个具体形式中所实现的价值。

杂交水稻新技术在我国的南部、中东部地区、东北地区推广应用时，必须优选出适合当地气候、土壤和环境的优良品种与种植技术，这无疑需要新的劳动（创造性劳动与一般性劳动）和巨额资本等生产要素的投入。高铁新技术、超高压输电新技术、新能源技术，无疑是重大的、群体性的创造性劳动成果，它们不仅在长期的研究过程中投入了巨额的资本与大量的劳动（各种创造性劳动与一般性劳动），而且将这些新技术成果在我国各地乃至国外推广应用（实现成果的价值），还需要继续投入大量的劳动（创造性劳动与一般性劳动）和巨额的资本才行。在没有更新的替代技术（创造性劳动成果）出现以前，杂交水稻的大面积种植必将持续下去，也必将创造和实现更大的价值和剩余价值。此外，一种新药品研制成功，一种新型的小汽车研制、定型成功，能否尽快上市以及上市规模的大小、速度，能否取得成功，尽可能地实现新产品的价值和剩余价值，与企业家的努力和能够动员的生产要素成正比（包括企业为新产品进行广告宣传、建立营销网络、售后服务等方面的投入）。这些都是不难理解的。在所有这些场合都有“创造的”大于

“实现的”，创造性劳动成果的价值的“实现”依赖于更多的资本与劳动的双重投入。

第三，创造性劳动产品（新产品）的市场销售价格是由生产企业依据实现的价值总量、剩余价值总量（即总利润）最大化的原则并综合分析市场需求情况主动制定的，而且制定后还要依据市场供求关系的变化情况进行调整。或者说，是以“社会的方式”进行计量或确定的。这一点，我们在前面的章节已经作了详细说明。这里我们再用一个与配第使用过的相类似的简单例子来加以说明：假如某新产品一共生产了10件，其制造与销售成本为40元/件，如果按100元/件的价格销售，每件利润60元，但市场对此价格的有效需求量仅为1，即实现的利润总额也为60元。如果定价为80元/件，市场对此价格的有效需求量为2，每件可实现利润40元，即实现的利润总额为80元。如果定价为60元/件，市场对此价格的有效需求量为3，可实现的利润总额又降为60元。这样，企业将把这个目标价格锁定为80元/件。这个价格也是一种“均衡价格”。[①]

第四，创造性劳动产品的价值创造与价值实现问题在实际生产过程、流通过程中是相互交融、难以截然分开的两件事，仅仅是一种理论抽象。马克思主义政治经济学在社会再生产的研究中突出了生产过程与流通过程，认为产品的价值是在生产领域中创造、在流通领域中实现的，而实现中包含着价格与价值的背离，与我们这里讲的有所差别：我们这里讲的“实现”问题是指创造性劳动主体创造的创造性劳动成果的总价值、总剩余价值（在较长的时段内、在较大的空间范围内或在各

① 配第. 配第经济著作选集［M］. 陈冬野，马清槐，周锦如，译. 北京：商务印书馆，2014.

种具体形式中）究竟能“转化”成为多少现实的价值（财富的社会尺度)、剩余价值（新增财富的社会尺度）的问题。马克思研究的生产过程是指直接生产过程，其实也不过是一种简化的描述，它省去了前生产过程，即省去了科研、开发、试验、试制、项目建设等内容，其中包含有大量的创造性劳动的投入。

我们认为，凡是前生产过程中包含有巨量创造性劳动投入的，前生产过程这一重要环节都不应该忽略。例如三峡电站，前期工作论证、设计、科研、试验活动进行了40年，其中有数不清的创造性劳动（以及创造性物化劳动，以下略）的投入，而建设工期长达11年，又要投入多少创造性劳动，这样的前生产过程决不能忽略。三峡电站投产后的发电运行的直接生产过程与电力营销，严格来讲主要是对前生产过程中投入的巨量创造性劳动、创造性劳动价值与剩余价值的实现过程。因此，在现代社会的再生产过程中，前生产过程、直接生产过程、流通过程都同等重要，决不能忽略。这里需要注意的是：在“三个过程”中都有价值创造问题，即都可能有创造性劳动与一般性劳动的投入；也都有价值实现问题。例如，在前生产过程中利用了前人的成果与经验，这也是“实现”问题。在流通过程中将产品销售出去，这更是“实现”问题。因此，作为一种理论抽象，我们从“三个过程”中抽象出“两个环节”，即创造性劳动与一般性劳动的价值、剩余价值的创造环节，以及总价值、总剩余价值的实现环节。这样更便于理论研究，但我们对此应予以正确理解。

四、创造性劳动价值论的重要意义

“创造性劳动主体创造的总价值究竟能够实现多少价值量与在实现

过程中能够动员和投入的生产要素量成正比例”以及“创造的”大于“实现的”。实际上是前面论述过的“创造性劳动在创造价值时对物质条件和一般性劳动具有依赖性”这一特性在价值的实现环节进一步展开。这意味着，不仅进行创造性劳动过程本身依赖于一定的物质条件，即需要耗费或利用先前积累的劳动成果或知识形态的创造性劳动产品，整个创造性劳动过程中同时又伴随着大量的资金、物质和一般性劳动的双重投入，而且在以后的创造性劳动成果的推广应用过程中（即价值的实现环节中），更需要投入巨额的资本和劳动。

一是揭示了创造性劳动产品（成果）价值、剩余价值的实现只能在新的生产过程中完成，而不在流通过程中实现（在流通过程中，更多的是完成了成果内含的价值与剩余价值的“转移”）。只有在新的生产过程（创造性劳动成果的各种形式的应用过程）中，成果内含的价值、剩余价值才能得以实现。

二是揭示了创造性劳动产品（成果）价值、剩余价值的实现对资本与劳动的双重依赖性，说明了资本在现代市场经济社会中的历史作用的积极方面。

马克思指出“资本的伟大的历史方面就是创造这种剩余劳动……资本是生产的；也就是说，是发展社会生产力的重要关系。”“如果说以资本为基础的生产，一方面创造出一个普遍的劳动体系，即剩余劳动、创造价值的劳动，那么，另一方面也创造出一个普遍利用自然属性和人的属性的体系，创造出一个普遍有用的体系……只有资本才创造出资产阶级社会，并创造出社会成员对自然界和社会关系本身的普遍占有。由此产生了资本的伟大的文明作用。”①

创造性（总体）劳动所创造的价值、剩余价值已成为现代市场经济社会的总价值、总剩余价值中的主体部分，而创造性劳动的价值创造与价值实现对资本（或者说对巨额资本）更具有依赖性，因此，资本的历史作用、积极作用也愈加凸显出来。由此可以看出，在市场经济的条件下，给资本以利息、利润的必要性、合理性，因为这可以激励将资本投入创造性劳动的价值创造与价值的实现过程，从而推动社会生产力的发展与社会关系的发展，为将来过渡到更高级的社会奠定物质和生产力基础。

三是可以启示我们对发达国家与欠发达国家经济差距不断拉大的原因有新的认识。发达国家拥有雄厚的资本与较好的投资环境、较为发达的基础设施建设与教育体系，可以吸引人才（创造性劳动主体）和资本（包括各种生产要素）汇聚到一起，形成集聚效应，这非常有利于创造性劳动的价值创造与价值的实现（科技成果的应用）。而欠发达国家在吸引人才（创造性劳动主体）、投资环境、基础设施建设、资本积累、教育体系等方面都较为落后，这不利于创造性劳动主体的价值创造与价值的实现，反而形成资本和人才外流的溢出效应。这正是当今世界发达国家与欠发达国家经济规模的差距不断拉大的重要原因。

---

① 中共中央马克思恩格斯列宁斯大林著作编译局. 马克思恩格斯全集（第四十六卷上）[M]. 北京：人民出版社，1979：287，393.

第十三章

对一些理论和现实问题的研究

21世纪初，江泽民同志多次强调，“要深化对劳动和劳动价值理论的认识”，这是对我国理论工作者的殷切希望，其目的在于正确认识与回答在社会主义市场经济体制建立过程中出现的重大理论与现实问题，也在于加深对现代资本主义生产关系的认识和全面理解。下面，本书尝试从创造性劳动价值论的视角，对近年来人们所关心的一些理论与现实问题进行研究。

一、如何破解价值“总量”之谜

2001年，美国经济学家统计，美国从1820年到1994年，人口增长了27.09倍，劳动就业人口增长约20.7倍，但同期GDP却增长了约474.8倍，“说明总价值量（劳动量）的变动小于社会财富（使用价值总量）的增长。价值的存在本来是为了表现使用价值交换时的量的比例，是作为社会财富的代表，而在劳动生产率迅速提高的情况下它却日益‘缩水’，形成了与使用价值量变化比例的巨大落差”。谷书堂教授认为，“‘谜底’可能在于一个过去被忽略了的秘密，就是企业采用的新技术里面包含着大量的未实现的剩余劳动，它在生产过程中可以替代若干倍数量的体力劳动”。[①] 谷书堂教授的观点与笔者在重庆《探索》

① 谷书堂教授的观点见《工商时报》2001年10月11日第5版《社会主义劳动和劳动价值理论探讨》栏目的系列文章之一，其醒目的大标题为“求解价值总量之‘谜’”。

杂志上发表的《创造性劳动价值论》（1994年）、《论创造性物化劳动的价值增值功能》（1995年）的论文中阐述的观点接近。特别是在后一篇论文中，笔者提出，创造性物化劳动（简单地说，就是体现新发明、新技术应用的先进的生产技术设备或生产条件）具有特殊的使用价值，也即在生产过程中具有价值增值的功能。这一点与一般性活劳动力作为价值的源泉的特殊的使用价值相类似（但也有显著的差别）。

创造性劳动创造价值的过程与一般性（活）劳动创造价值的过程的一个显著不同点在于，前者在一般情况下可以划分为两个独立进行的过程或环节，也就是说创造性劳动先作为一个独立过程或环节完成以后，首先得到了一个创造性劳动成果——这一般表现为创造性物化劳动的形式（例如谷教授所说的体现“新技术”的先进的生产技术设备）。这样的创造性物化劳动可以具有一定的交换价值，同时，它还具有特殊的使用价值，即在生产过程中具有价值增值功能。创造性物化劳动的应用过程实质上是创造性劳动延续的另一个独立过程或环节，在这个过程或环节中，实现了创造性劳动在第一个环节中的构思和意图，从而创造出或实现了更大的价值和剩余价值（即谷教授所说的“新技术里面包含的大量的未实现的剩余价值”转变为现实）。至于为什么创造性物化劳动能够具有这样的特殊的价值增值功能，这是因为创造性物化劳动具有特殊的使用价值，即它能够使一般性总体劳动高效化、特色化和具有新质，从而转化为一种具有创造性劳动主要特征（即不能“求社会平均”、价值创造力更大）的新型总体劳动。1997年，笔者在一篇答辩性质的论文中，进一步强调，“简单劳动加上（或应用）创造性物化劳动相当于一种类似于马克思讲的‘生产力特别高’的新型劳动”，并提出了两个实例来说明这个论断是有现实依据的。

1994 年的美国与 1820 年相比，有更多的创造性劳动投入，有无法比拟的、大量的创造性物化劳动（即先进的技术装备、新的工艺或科学技术成果）被应用，因此，创造的商品价值量有大大的增长。这里的认识误区在于：认为科学技术成果的应用只是提高了劳动生产力（率），只与使用价值量的创造有关，而与价值量的创造无关。首先，马克思指出，“随着机器在同一生产部门内普遍应用，机器产品的社会价值就降低到它的个别价值的水平，于是下面这个规律就会发生作用：剩余价值不是来源于资本家用机器所代替的劳动力，恰恰相反，是来源于资本家雇来使用机器的功能力”。这就意味着，只有在创造性物化劳动已经在社会上普遍采用以后，即它所凝聚的创造性劳动的内容与形式已经在社会范围内广泛扩展开来以后，产品的社会价值才由它所包含的“社会必要劳动时间Ⅰ”决定，才可以说“劳动生产力的提高与价值量的创造无关”。而在创造性物化劳动（先进的机器与技术设备）还没有被社会普遍采用时，应用创造性物化劳动（使用先进的机器或新技术）创造的价值量是很大的（相当于“机器所代替的劳动力”所创造的那么多的价值量）。这完全符合马克思的论述。其次，即使是创造性物化劳动在发达国家或地区已经普遍使用，这些创造性物化劳动已经“转化”为一般性物化劳动了，但如果在不发达的国家或地区尚未普及应用时，相对于这些国家或地区，仍然具有一定的先进性、新颖性与独创性，因此其出口产品仍然具有较高的社会价值。将两者结合起来看，美国 1994 年较少劳动人口比例能够创造出比 1820 年更大的社会价值（比例）就不难理解了。

从商品的社会价值的构成式来讲，它是 $A_i = t_I \times N_{必需i}$，既不与使用价值或财富量成正比，也不是与“社会的普通的需求量”无关的量，而是与社会对部门商品稳定的有效需求量（即 $N_{必需i}$）密切相关的量。而 $N_{必需i}$ 又与人均收入量的提高、资本的积累量、资本的周转速度、资本的竞争强度、金融业的发达程度、交通等基础设施建设、国家或地区的商品“交换势”等诸多因素有关系。

此外，马克思曾经指出，“人口和人口的增长是分工的基础（从而也是经济增长的基础）”，而“进行分工的前提是：必须有一定的人口密度，在这里，交通工具可以在一定程度上代替这种密度”。他还引用了霍吉斯金的话：“改进的运输方法，如铁路、轮船、运河以及一切方便遥远国家之间的交往的工具，对于分工所起的作用同实际增加人口的作用一样。”这说明完善的、有实效的基础设施建设对经济的增长（GDP 的增长）作用极大。实际上，它促使了社会对部门商品的有效需求量的稳定增长。1994 年美国发达的基础设施建设，与 1820 年相比不可同日而语。这也促进了人均 GDP 的极大增长。

此外，发达国家从发展中国家大量进口劳动密集型的工业品等生活必需品、原材料等生产资料产品及大量的中间产品，极大地降低了本国工人的劳动力价值与发达国家保留的优势产业的生产成本，这就加大了发达国家的相对剩余价值的生产，也提升了人均 GDP 的增长。

二、使用新技术能否创造价值与剩余价值

这个问题与上一个问题有密切的关系。应该指出，这并不是一个“好”问题，因为它极易把问题归结到像物化劳动那样的“死东西”能否创造价值与剩余价值的“问题陷阱”之中（事实上，一些理论工作者正是以此来指责别人的，他们提问的方式是有问题的）。问题的正确提法应该是：凝聚有大量的创造性劳动的新技术的应用对创造使用价值

（实际财富）有巨大的作用，对活劳动力创造和实现价值（抽象的社会财富）也能起到作用吗？如果能，是起着一般的“条件”作用，还是起着“倍加”的作用？我们认为，答案是肯定的，即先进的技术、设备对活劳动力创造和实现价值能够起到“倍加”的作用。

一是一般的机器、设备，由于已经在社会上普及开来，丧失了新颖性，因此，马克思得出的“像不变资本任何其他组成部分一样，机器不创造价值，但它把自身的价值转移到它所生产的产品上”以及“机器总是全部地进入劳动过程，始终只是部分地进入价值增值过程。它加进的价值，决不会大于它由于磨损而丧失的价值”。马克思又指出，“随着机器在同一生产部门内普遍应用，机器产品的社会价值就会降低到它的个别价值的水平，于是下面这个规律就会发生作用：剩余价值不是来源于资本家用机器所代替的劳动力，恰恰相反，只来源于资本的可变部分”。举个例子来讲，企业原来使用100个工人（一般性活劳动力），而在采用先进的技术、设备后，只需要5个工人了，当新机器未在同一生产部门内普遍应用时，这5个工人起了（代替了）原来100个工人的作用，即先进的技术设备对活劳动力创造和实现价值起到了数量为$100 \div 5 = 20$的“倍加”作用，直到先进的技术设备丧失新颖性即被普遍应用时为止。

二是先进的技术、设备对活劳动力创造、实现价值起到“倍加”作用。不是按电钮、鼠标的工人的一般性劳动本身变成了复杂劳动、创造性劳动了，而是由于：①先进的技术设备中凝聚着“前生产过程”（即新机器的研究、开发过程）中大量投入的创造性劳动主体创造的价值和剩余价值，这些东西在“直接生产过程”中被“转移”或“实现”在产品上了。②把“前生产过程”与“直接生产过程”联系起来（或加总起来）看，主要是（前后两个过程的）创造性劳动主体创造了大量的价值与剩余价值。直接在生产过程中按电钮、鼠标的操作工人的劳动构成了“创造性总体劳动”的一个环节、一个组成部分，参与了一般性劳动价值的创造与创造性劳动价值、剩余价值在产品上的“转移”或“实现”的过程。

总之，新技术能否创造价值与剩余价值的问题是很容易理解的，这里需要把握几个要点：一是在使用新技术的场合大量使用创造性物化劳动，这些创造性物化劳动具有特殊的使用价值，即能够使一般性总体劳动高效化、特色化和具有新质，从而“转化”为一种具有创造性劳动主要特征（即不能求社会平均）的新型总体劳动，因而能够创造出更大的价值和剩余价值。二是即使是在高自动化和“无人工厂”场合，也仅仅意味着活劳动的投入和使用可以减少到最低限度，但“无人工厂”“无人码头”的调试、安装、操作、维修仍然离不开一般性活劳动。三是一般性活劳动要创造自身的价值和平均剩余价值，它们与新型总体劳动创造价值和剩余价值的差距表现为创造性物化劳动对价值增值的贡献。四是这些新技术、机器人、高自动化设备和“无人工厂”“无人码头”所使用的创造性物化劳动是一种独特的生产条件，当它们在社会范围内普遍应用以后将“转化”为一般性物化劳动和社会平均生产条件的组成部分，产品价值计算的起点将改变和降低到按社会必要劳动时间衡量的个别价值的水平之上。

卫兴华教授曾经提到过，“在劳动生产率同商品价值的（这种）关系上，劳动价值论容易遇到质疑。利用先进技术装备的企业，提高了劳动生产率，在相同的劳动时间内生产出更多的产品和价值，在劳动强度和复杂程度既定的情况下，更多的价值怎么能认定是由劳动创造出来的呢？为什么不能认定是来源于先进的技术装备呢？的确，在这个问题上，劳动价值理论缺乏理性很强的说明”。他还说，“有的学者用价值‘转移论’来解释先进和落后企业价值收入的差别。即先进企业所获得（的）超额价值是由落后企业的劳动创造的价值部分‘转移’过来的。理由是价值是由社会必要劳动或社会平均劳动决定的”。卫教授认为，“价值‘转移论’不能成立，首先，同一部门内部不存在企业间价值‘转移’的机制”，“这样看问题是悖理的，是鼓励落后，打击先进的歪理”①。卫教授坦率地承认了经典劳动价值论在这个问题上，“缺乏理性很强的说明”，也批驳了“价值转移论”。至于如何解释这一现象，卫教授后来提出的思路是：“在不违背劳动价值理论基本原理和实质的前提下，在理论认识上，可加重生产工具特别是先进工具和机器设备在财富和价值创造中的地位和作用”。“利用物化劳动节省了活劳动，被节省了的活劳动，在商品价值关系中会被当作实际耗费的劳动看待，从而形成更多的价值即超额价值。”“这里，物化劳动的节省，‘转化’成活劳动的增量了。”②

笔者认为，卫教授未能区分开“两类不同性质的物化劳动”——“一般性物化劳动”（普通的机器设备是其代表）与“创造性物化劳动”（先进的机器设备是其代表）参与创造商品价值的不同特点与性质。前者是马克思已经充分论述过的“不创造价值”，“只‘转移’价值”，已经在社会范围内普及开来的普通机器设备，而后者是尚未在社会范围内普及开来的、代表社会先进生产力、尚未丧失独创性、新颖性的机器设

---

① 黄强华，桂世勋，朱彤书．《资本论》第一卷难题解答［M］．沈阳：辽宁人民出版社，1982.

② 卫兴华．价值理论研究中的热点难点问题探讨［J］．理论动态，2003（69）：7-8，17-18.

备。后者的应用，可以使一般性活劳动“转化”为具有新质的“创造性总体劳动”，因而具有更大的价值创造力。对创造性劳动价值论内容及其正确性的不理解，是许多学者对使用创造性物化劳动（或先进的机器设备）能够创造更多价值问题不理解的重要原因。他们只认为使用先进的机器和设备能够大大提高使用价值的数量（产品量），而没有意识到创造性物化劳动的使用对一般性活劳动的“转化”作用，即将其“转化”为能够创造更大价值与剩余价值的创造性总体劳动的一部分了。同时他们也没有意识到马克思论述的“机器不创造价值只转移价值”是有条件的，并不适用于创造性劳动发挥作用与创造性物化劳动应用的场合。至于卫教授所说的“被节省了的活劳动，在商品价值关系中会被当作实际耗费的劳动看待，从而形成更多的价值即超额价值”，也只有在社会对产品的有效需求量随着产品量的增加而相应增加的情况下才有可能出现。

丁堡骏教授认为，高度自动化企业的利润来源于社会总剩余价值。其一是因为由高度自动化企业所构成的生产部门的资本有机构成是特别高的，所以，这些企业所获得的平均利润高于本部门工人所创造的剩余价值。也就是说，高度自动化企业的利润有相当一部分来源于剩余价值的分割和社会总剩余劳动。其二是因为除了获得平均利润以外，这些高度自动化企业还获得了超额利润，而这些超额利润同样也来源于社会总剩余劳动。这里的所谓超额利润，就是指商品的个别生产价格和社会生产价格的差额，是个别资本家所获得的超过平均利润的利润。例如，某企业由于新技术的采用和劳动生产率的提高，使它在资本不变的情况下成本得到节约。社会资本的平均构成是80c+20v，而这个企业资本的构成是60c+20v。假定这个企业的剥削率和社会资本的剩余价值率相同，都等于100%，社会资本平均利润率为20%，那么，这个企业的产品的个别生产价格是60c+20v+16s，社会生产价格是80c+20v+20s。这个企业的产品按社会生产价格出售，便可获得正常利润以外的24s的超额利润，这里并不涉及个别价值和社会价值的分析，即不涉及超额剩余价值分析。① 对丁教授的观点，我们有如下评析：

第一，丁教授认为，高度自动化企业的利润有相当一部分来源于总剩余价值的分割，即来源于其他企业。这相当于说，部门的商品价值和剩余价值已经在第一个“竞争过程”中先形成了，然后再经过第二个“竞争过程”去重新分配总剩余价值。候雨夫教授指出，实际上只有一个“竞争过程”：即生产同种（或其他功能相近的）产品的个别生产者从一种竞争状态过渡到或发展为另一种不同强度的竞争态势（其原因可能是由于生产者向市场提供的商品量或社会对部门产品的有效需求量发生了变化）的同一过程。把这一过程说成是总剩余价值的重新分配是有问题的，它最多只是一种比喻性的、形象化的说法，而不是一个真实的经济过程。

丁教授认为采用新技术的企业的产品的个别生产价格是60c+20v+16s，而社会生产价格是80c+20v+20s，这个企业的产品按社会生产价格出售，便可获得正常利润以外得到24s的超额利润。那么这个24s的超额利润，究竟来源于何处？丁教授认为来源于“社会总剩余劳动”，即社会其他企业创造的剩余劳动。丁教授这里讲的虽然是生产价格，讲的是不同部门之间的剩余价值的“转移”问题，但实际上根本不存在这样的真实价值（或剩余价值）的“转移”过程。真实的竞争过程是

---

① 丁堡骏．马克思劳动价值理论与当代现实［M］．北京：经济科学出版社，2005：221-222.

这样的：在一定的供求条件（或竞争条件）下，新技术企业实现的个别生产价格是60c+20v+16s，而在另一个供求条件（或竞争条件）下，新技术企业实现的产品的个别生产价格是此时的社会生产价格80c+20v+20s，而后者的“供求条件”（即向市场提供的商品数量）比前者要“紧俏”得多。在后一“供求（或竞争）条件”下，产品无论是掌握在卖者手中（即新产品尚未卖出，价值或剩余价值没有发生“转移”），还是掌握在买者手中（价值或剩余价值已经发生所谓“转移”），这些新技术企业的产品仍然“值”80c+20v+20s，并没有发生什么“价值转移”的真实过程。

第二，高度自动化的企业利润来源于总剩余劳动，也是一种极其模糊的说法。说总剩余价值是由从事商品生产的各个领域的工人创造的，这是正确的。但说一个领域的（资本家所获取的）利润是由其他领域的工人创造或“转移”过来的，这是需要严格论证的。丁教授对此几乎没有作什么论证。实际上，高度自动化企业的产品由于包含着大量的创造性（总体）劳动的凝聚，同时社会对这种高性能的新产品的有效需求量也较高，这样一来它们本身包含的（社会）价值量就比较高，在市场上，它们就“值”那么多的货币或社会劳动量。

第三，如果用数学公式来表示高度自动化企业产品的价值，应该是：$A_i = \alpha t_I \times N_{必需i}$，其中 α 为价值扩大系数（或“倍加系数”）。由于 α 远大于1，且社会对新产品的稳定有效需求量 $N_{必需i}$ 一般情况下也较高，所以 A_i 本身也比较高。丁教授等却认为，价值量是 t_I 或 T_I（即第一含义社会必要劳动时间的个量或总量）。

第四，如果认为高新技术企业（或高资本有机构成的企业）实现的（超额）剩余价值来源于社会总剩余价值，还会带来一个难以说清楚的问题：在社会主义市场经济条件下，如果这些高新技术（或高资本有机构成的）企业是国有或公有制企业，那么是不是这些国有或公有制企业与资本主义的私有制企业（包括外资企业）的资本家联合起来共同“瓜分”社会总剩余价值从而共同剥削工人阶级？所以创造性劳动价值论（或新的价值理论）认为，高新技术企业创造的价值（或剩余价值）主要是由本企业的创造性总体劳动在一定的竞争条件（或供求条件）下创造的；同样地，低技术企业（或低资本构成的企业）创造的价值（或剩余价值）也主要是由本企业的一般性总体劳动在另外的也是一定的竞争条件下创造的，只不过后者（作为卖者）在一般情况下的“竞争强度”要强烈得多，因而常处于不利的地位，实现的和创造的价值或剩余价值的比例也较前者低得多。

三、第三产业（包括商业）劳动能否创造价值与剩余价值

1996年世界第三产业（包括商业，以下略）占GDP的比重已达到60.7%，其中发达国家已占到70%左右，这70%中包含的第三产业劳动是否都是不创造价值（只实现价值）的“非物质生产劳动”？这是深化对劳动和劳动价值理论认识所不可回避的问题。当前，主流经济学家都主张扩大生产劳动的范围，可以包括部分第三产业的生产劳动。这里有两个问题：一是第三产业的劳动能不能（或都能）创造价值和剩余价值；二是如果能够创造，那么所创造的价值量又是如何计量的？

先说商业工人的劳动能不能创造价值和剩余价值的问题，创造性劳动价值论给出的答案是肯定的。在现实情况中，商业工人的劳动不仅包括运输、运送、保管、分类、分配、散装等劳动（这些劳动在传统的政治经济学理论中被当成直接生产过程劳动的延续），而且还包括产品的

宣传与售后服务、购物环境的创造、安全维护等劳动，还包括为商业买卖而进行的计算、簿记、市场调查、通信、企业管理、科研等方面的劳动（将以上这些劳动总和起来看，我们称之为“总体性商业劳动”）。这些现实中存在的“总体性商业劳动”是能够创造价值和剩余价值的。因为它首先使商品获得了“新的形式”或“新的使用价值”①，它所花费的一定量的劳动时间当然是价值，从而也形成了剩余价值。或者说，“总体性商业劳动”，作为一种社会分工体系中的必要的劳动耗费，必然要创造出相应数量的商品的价值和剩余价值。

我们可以换一个角度即从“剩余价值理论的另一种表述方法”② 来看待这个问题。无论是产业资本家还是零售商、批发商，都可以在自己的商品上“加价”一定的幅度，从而“过贵地出卖自己的商品”，唯独“（商业）工人阶级是唯一的例外”，因为商业工人在资本家面前处于“不利地位”，不能实行类似的追加价值的方法，而只能按照劳动力的价值出卖自己的劳动力。这意味着，商业工人出卖劳动力，无异于是一种“亏损”，而“亏损”的反面就是商业资本所获得的剩余价值（或利润）。由此可以看出，商业工人的劳动是实实在在地创造了价值和剩余价值的。

长期以来，我国理论界普遍认为，商业工人的劳动不创造价值和剩余价值，而只是实现从产业工人那里“转移”过来的价值与剩余价值，这也是一种特殊形式的价值或剩余价值“转移论”，其与前面谈到的那

① 从商业把产品运到市场来说，它使产品获得了新的形式。“商业使产品获得了新的使用价值（这一点一直到零售商人都适用，他们称、量、包装，从而使产品获得适于消费的形式），这种新的使用价值花费劳动时间，因而同时是交换价值。运到市场属于生产过程本身，产品只有到了市场，才是商品，才处于流通之中。”（中共中央马克思恩格斯列宁斯大林著作编译局. 马克思恩格斯全集（四十六卷　下）［M］. 北京：人民出版社，1980：141.）。

② 《剩余价值理论的另一种表述方法》的论述详见作者的新书《马克思价值转形理论与劳动价值论的深层研究——政治经济学中的重大疑难问题的探索与解决》（下卷）第四十二章。

两种形式的价值和剩余价值“转移论”有相似的地方。商品刚从工厂出来时就只“值”趸卖时的出厂价那么多（其表达式是 $A_i = t \times N_{必需i}$），而经过商业工人的劳动以后，商品的社会价值变为 $A'_i = t' \times N'_{必需i}$，这里不仅 t 变大了（$t' > t$），而且推高了社会对商品的有效需求量（$N'_{必需i} > N_{必需i}$），从而创造了更大的（社会）价值和剩余价值。这里，根本不存在所谓生产企业降低价格“让利”给商业企业和价值、剩余价值的“转移”的真实过程。

第三产业的其他形式的劳动创造价值和剩余价值的问题。比如说宾馆的服务劳动是否创造价值和剩余价值的问题。我们认为各种形式的服务劳动（包括第三产业的其他形式的劳动）虽然有可能是创造性劳动或使用先进技术设备的创造性（总体）劳动，但也可能是一般性劳动，这些劳动都是特色劳动，其服务的内容、形式、使用的生产条件各不相同，都是异质性的。这种特色劳动具有创造性劳动的特征：在一定的时间范围内，所创造的价值是不确定的，可变的，即可大可小，难以“求社会平均”。这些特色劳动，作为社会分工体系中的必要劳动的耗费，必然是要形成价值从而形成剩余价值的。顺便指出，广义的第三产业中还包含有大量不创造交换价值的劳动，如政府公务员、军人、公检法人员等的劳动。他们创造的是社会公共品（而不是商品）。社会公共品包括硬件和软件。硬件如公路、桥梁、通信、电力设施等，软件如各种制度、规则等；公共品中凝聚着广义的价值——非交换意义的（或潜在的）价值。社会公共品对提高全社会生产劳动创造和实现价值的效率有作用。它能提高创造和实现价值的效率（或社会效率系数），也能提高社会对商品的有效需求量，提高资本的周转速度与积累速度，一句话，提高整个社会分工体系的效率。一个国家或技术经济系统比另一个国家或技术经济系统拥有更多、更发达的公共品体系，其创造与实现的价值总量的社会效率系数必然更大，这一点，也反映在 GDP 的总量之中。

再说一下商业劳动、特色劳动创造的价值和剩余价值的计量问题。

商业劳动创造的价值的数学表达式是：$A_i = t' \times N'_{必需i}$，从中可以看出，商业工人的劳动（通过使商品具有新的使用价值）不仅在商品上“添加”了一定数量的价值（其高度为 $t' = t_1 + \Delta t$，其中 t_1 为生产企业工人生产该商品所耗费的社会必要劳动时间，Δt 为商业工人“添加”的劳动），而且通过“推高”社会对商品的有效需求量（这一点反映在能够使 $N'_{必需i}$ 稳定在比原来的 $N_{必需i}$ 更高的水平之上，而 $N_{必需i}$ 表示商品在刚出厂“趸卖”时的社会有效需求量，显然，$N'_{必需i}$ 要远大于 $N_{必需i}$），从而创造出了更大的价值和剩余价值。

特色劳动创造的价值的数学表达式是：$A_i = \beta t_I \times N_{必需i}$，这里的 β 是特色劳动系数，可以是一个与 1 相差不多的或“多倍的”不确定的系数，而不一定都是“倍加”的系数。

商业劳动、特色劳动创造的价值是用“社会的方式”计量的，而不是用任何物理的、直接的方式进行计量的。

四、关于劳动生产力与商品价值的关系问题

卫兴华教授认为，一种情况是同一部门的平均劳动生产力（率）与商品社会价值的关系。他认为，“根据马克思的理论，这种关系是呈反比关系”。“这种理论判断是既有大量历史事实支持，又与现实经济生活相符”。比如，从历史上看，1900 年，一辆用手工打造的汽车售价为 1000 美元，到 1924 年，汽车售价仅为 265 美元。从现实情况来看，汽车、彩电、电脑和其他家电产品的劳动生产力和技术水平不断提高，

价值和价格不断下跌。

“商品中包含的必要劳动量与劳动生产力始终成反比例”，这是没有问题的，也符合马克思的论述。问题在于这个必要劳动量（或由它决定的同数量的“社会价值Ⅰ”）是不是或始终是直接“调节商品价格规律的东西”？这要看商品出售的社会条件或“供需状况”随着劳动生产力的变化究竟发生了什么样的变化才行。

比如，在劳动生产力发生变化以前，自行车的年产量是100万辆，平均售价为每辆1000元。在劳动生产力提高1倍以后，花费同样的劳动时间（过去的、直接的必要劳动时间），自行车的年产量变为200万辆，每辆车包含的必要劳动量降低了一半，所以生产每辆车花费的或包含的必要劳动量与劳动生产力成反比例，其“社会价值Ⅰ”也降为每辆500元了。但问题在于，此时的“社会价值Ⅰ”（它与商品所包含的必要劳动时间量同数量）不一定就是商品价格规律的调节者，很可能此时的价格规律的调节者变为“社会价值Ⅱ”，而每辆自行车的“社会价值Ⅱ”并不一定与劳动生产力成反比例。

比如，在自行车生产的劳动生产力提高1倍以后，企业勇于开拓国外市场，将多生产的100万辆自行车全部用于出口贸易，而在国内市场上仍然维持100万辆的供应量，此时每辆自行车的“社会价值Ⅱ”仍然可以保持1000元/辆的价格，与劳动生产力提高以前的“社会价值Ⅰ”的数量相等。那么，此时自行车行业创造的全部“社会价值Ⅱ”（达到1000元/辆×200万辆）就与劳动生产力成正比例。反之，如果自行车产品不能够用于出口贸易，只能在国内市场上销售，并且假定社会对自行车产品的有效需求量仍然稳定在原来的水平之上，由于实际生产量大幅度增加，产品价格将急剧下跌，将从1000元/辆下跌到接近500元/辆，即向“社会价值Ⅰ”的水平靠近，这个新的“社会价值Ⅰ”也就成为商品市场价格的直接调节者了。此时，单位商品的社会价值就与劳动生产力成反比例。

注意，由于企业之间的竞争，现代社会的商品价格总是随着劳动生产力的提高而逐步降低的，产品的价格有向其“社会价值Ⅰ”靠近的趋势。因此，马克思提出的“商品的价值量与劳动生产力成反比例”，应看成是一种趋势性的规律。许多学者不理解价值概念的本义或本质是“调节价格规律的东西”，也不理解“社会价值Ⅰ”与“社会价值Ⅱ”概念的区别以及它们与社会必要劳动时间之间的关系，更不理解只有在一定的社会条件或“供需状况”下，“社会价值Ⅰ”（它与第一含义的社会必要劳动时间同数量）才成为价格运动规律的直接调节者。其根源在于将商品所包含的社会必要劳动时间量与商品的社会价值量（即“社会价值Ⅱ”的数量）完全等同起来了，错误地认为，只要劳动生产力一提高（即单位商品中包含的必要劳动量一降低），商品的社会价值就“立即”同步降低。而真实的情况是：现代商品的社会价值（或平均价格）是随着劳动生产力的提高而逐步地、分梯次地降低，而且降低的程度及速度与社会对该种商品的有效需求量的变化密切相关。

五、深化分配制度的改革问题

“深化对劳动和劳动价值理论认识”的一个重要目的是为深化我国分配制度的改革提供理论依据。当前，主流政治经济学家认为应该把价值创造与价值分配分开来认识：价值创造理论应由劳动价值论来解释，而价值分配理论依据的是所有制理论。按照主流政治经济学家对马克思劳动价值理论和剩余价值理论的理解，生产要素参加分配在市场经济的条件下有其必然性，但其性质是剥削工人的剩余劳动。

第一，把生产价格、社会平均利润率的形成看成是总剩余价值的重新分配的观点是有问题的。在马克思的“五部门生产的价值转化模型”中，高资本构成部门（比如其构成为95c+5v）的产品价格在新的社会条件（或竞争态势）下就“值”122，而低资本构成部门（比如其资本构成为60c+40v）的产品在新的社会条件（或竞争态势、竞争强度）下也只“值”122，尽管前者包含的社会劳动量是105，而后者包含的社会劳动量是140，两者完全是按“等生产价格（或等社会价值）”进行交换的，并不存在真实的价值或剩余价值（实体）的“转移”过程。所以说“全体资本家（特别是公有资本参与）‘共同剥削’（或‘瓜分’总剩余价值）”是缺乏理论根据的。①

第二，生产要素参与分配的理论根据不是所谓的“生产要素价值论”。“生产要素价值论”把各个生产要素的所有者之间的关系看成是平等的竞争关系，将雇佣劳动者“提升”为“人力资本”的所有者，似乎资本与劳动“谁雇佣谁”都不成问题。在现代市场经济社会中，生产要素的所有者当然要参与竞争（通过将生产要素商品“投入”生产过程或从生产过程中撤出这种“投入”的行为来参与竞争），并通过他们之间的竞争行为影响“起调节作用的市场价格”（即“社会价值

① 我们要特别注意：部门商品的价值是由第二含义的社会必要劳动时间决定或调节的，其数学公式是：$A_i = t_1 \times N_{\text{必需}i}$，$= \omega_i \times N'_{\text{必需}i}$，其中的 A_i 为部门商品的总价值，t_1 为第一含义的社会必要劳动时间或与它同数量的价值，$N_{\text{必需}i}$、$N'_{\text{必需}i}$ 分别为社会能够对商品按价值 t_1、生产价格 ω_i 进行支付的商品量（或马克思说的“通常的供给量”或“通常的需求量”）。对高资本构成（95C+5V）的产品价值为105，当社会对产品的有效需求量由 $N_{\text{必需}i}$ 变动到 $N'_{\text{必需}i}$（并稳定在这个新的水平上）时，产品的价格将由 $t_1 = 105$ 变动到 $\omega_i = 122$。同样地，低资本构成（60C+40V）的产品价值为140，当社会对产品的有效需求量由 $N_{\text{必需}i}$ 变动到 $N'_{\text{必需}i}$ 时，产品的价格将由 $t_1 = 140$ 变动到 $\omega_i = 122$。这里并不存在部门之间的剩余价值的真实的“转移”机制，发生变化的仅仅是单位商品的社会价值个量（即 t_1 变动到 ω_i），而部门商品的总价值 A_i 却没有发生变化。

Ⅱ”）的决定，但这仅仅是影响价格对“平均耗费必要劳动价值Ⅰ”的偏离，而不会取消“社会价值Ⅰ”对“社会价值Ⅱ”的制约与调节作用。因为无论商品的“社会价值Ⅱ”与“社会价值Ⅰ”偏离有多大，要生产一定数量的这种商品，必须花费相当于“社会价值Ⅰ”那么多的劳动量，少了一点都不行。如果取消了“社会价值Ⅰ”对商品价格的基础性的调节作用，“社会价值Ⅱ”也就成为没有参照物的、可以在虚空中任意摆动的东西。就像西方经济学者在教科书中定义的“均衡价格”概念一样，成为无“根”的东西。

对商品的使用价值而言，“共创论”还有一些道理，但“共创论”并未穷尽所有的“生产要素”，因为还有许多生产要素（如阳光、空气等）对使用价值的创造有贡献，但它们是由大自然无偿供给的。如果有一天阳光也有所有者（如人造阳光），那么“阳光”作为生产要素也要参与价值“共创”的行列，这恰恰说明，参与商品价值“共创”的是“社会关系”或“社会关系的改变”而不是生产要素本身。在现代市场经济社会中，人们购买商品，实际上只是为（生产商品所耗费的）劳动和“社会关系”支付费用，而不是直接对生产要素支付费用。因此，正确的说法应该是：劳动是创造商品价值的首要因素或源泉性因素，生产要素所有者之间的竞争行为（它们要通过对社会产品的有效需求量的变化的影响作用表现出来）是影响商品价值（量）决定的另一个重要因素，但决不是生产要素本身参与商品价值的“共创”问题。

第三，在创造性劳动（包括融入大量的一般性劳动的创造性总体劳动在内）、特色劳动（包括大量的第三产业中的生产劳动）越来越重要的领域内，由于创造性劳动、特色劳动（或创造性总体劳动）创造价值的不确定性、可变性，[①] 不能按照创造价值（与剩余价值）的劳动特点来进行分配，而应该按照能够将创造的价值（与剩余价值）实现多少，能够转化为多少现实的财富以及对实现过程贡献的大小来进行分配。由于各个生产要素的投入对创造的劳动价值、剩余价值的实现都作出了贡献，因此理应分得相应的报酬。显然，创造性（总体）劳动等异质性劳动创造的价值（与剩余价值）是在市场竞争中实现的，究竟能够实现多少价值量在一般情况下与企业家的努力（本身也是一种新的创造性劳动）和资本、一般性劳动、土地等生产要素投入成正比例，即能够实现的价值总量与实现过程中能够动员和投入的生产要素量成正比例（这正是“创造性劳动价值论的第三定理”的主要内涵）。这里，资本以及作为它的物质载体的生产要素对创造性总体劳动的价值创造与实现起到了明显的“帮助”作用。

还有 5G 通信技术、新能源汽车技术，包含着大量的创造性劳动的凝聚，而要应用这些高新技术，必须建设大量的 5G 基站和新能源充电桩、充气站，这就需要投入巨额的资本和其他生产要素才能实现这些高新技术中包含的创造性劳动创造的价值和剩余价值。在现代市场经济社会的条件下，为了调动生产要素所有者把资本投入创造性劳动的价值创造与实现过程的积极性，按所作出的贡献大小给予相应的、适当的报酬既是必要的，也是合理的。

第四，从马克思劳动价值论的视角出发看问题，资本家（首先以社

---

① 创造性（总体）劳动创造的价值量是不确定的、可变的，但它一定大于所能够实现的价值总量、剩余价值总量。这一点是可以肯定的。这就像自然界“积雨云层”中凝聚的“水汽”的量究竟有多少是一个难以确定的量，但它一定大于所能够形成（实现）的“降雨量”一样，而“降雨量”是一个可观测的量。实际上，马克思在《资本论》第三卷第 942 页中就指出过，“剩余劳动……不会全部实现”，“已实现的剩余价值可以看作同全部（创造的）剩余价值相等”，和我们这里讲的是差不多的意思。

会的名义）占有工人的剩余劳动成果（剩余价值），而这个劳动成果（剩余价值）不是由资本家的劳动“构成的”，尽管资本家“有权”占有这部分价值，因为这并不违反商品交换的原则（权利）。一是资本家占有剩余价值，其性质是“剥削”；二是依据商品交换的原则（即等价交换原则），资本家是“有权”（即有符合这种生产方式的权利）占有的。从第二点来看，资本家占有剩余价值，其依据是市场经济的社会制度和运行规则，也不单单是依据生产资料所有制。其占有也是符合市场经济的“公平、正义”原则的，只不过这种所谓“公平、正义”原则具有历史的暂时性、局限性罢了。但说这种“占有”的性质是“剥削”，这是从一个未来高级社会的视角出发来看问题的。因为对生产资料的私有权，就像对土地的私有权、对奴隶的私有权一样，从一个未来的公有制的高级社会的视角出发来看，“是十分荒谬的”。

从未来的高级社会的视角来看，劳动与资本的交换并不是真正的“等价交换”，而是工人用较大量的劳动量去与包含较小社会劳动量的资本相交换，是工人的一种“亏损”，而“亏损”的反面就是资本家的利润，因此是一种“剥削”。但从现时的市场经济社会的视角来看，这却是符合商品“等价交换”原则的①。比如，土地是我的祖先开垦的或我花钱购买的，我将它出卖、出租（即分年度地“出卖”）都是合理、合法的。生产资料也是我花钱购买的，我将其用于生产，既冒了风险，对社会也是有利的，由此获得的利润也是应该的、合理的。劳动力是我花钱从劳动力市场上购买的，因而（其劳动）是属于“我的”，在不违反法律规定的条件下，如何使用劳动力是我的事情，劳动力所生产的产

① 这种平等的“等价交换”实际上是一种形式上平等的、异化了的“等价交换”，因为工人不能用所获得的劳动力价值交换回资本家的大致同数量的活劳动，最多只可能换回大致同数量的其他工人的活劳动（比如工人在搬家需要劳动力时）。

品的所有权天然也是属于“我的”，从而从产品的售价中获得的剩余价值或利润也是属于“我的”，并且也是天然合理的。

第五，应该全面地、准确地理解马克思的剩余价值概念及其理论。马克思强调指出：“（生产剩余价值的）剩余劳动是工人的劳动，是单个人在他必不可少的需要的界限以外所完成的劳动，事实上是为社会的劳动，虽然这个剩余劳动在这里首先被资本家以社会的名义占为己有了。”① 这意味着，剩余价值的本质是工人利用社会生产条件为社会创造的或积累的价值。按照我们的创造性劳动价值论，利用社会生产条件，当然包括对现代科学技术即前人的创造性劳动及其成果的利用，剩余价值并不完全是由直接生产过程中的工人创造的。不过在资本主义社会，剩余价值首先被资本家以社会的名义占有了。如果资本家将一部分或大部分以社会名义占有的剩余价值用于私人的奢侈性消费而不是用于社会，这就意味着存在着“剥削”现象。因此，剩余价值是不是为社会所利用或是不是用于对社会有用的活动，也是判断“剥削”的标准之一。

在社会主义市场经济社会中，公有资本获得利润（剩余价值）主要是用于扩大再生产或其他公共目的，显然不存在剥削问题。至于私有资本在分配中是否存在剥削，这还要取决于剩余价值所实现的总量结构与具体的分配行为。剥削不再是整体行为，② 而是具体行为、企业行为。凡是企业实现并占有的剩余价值总量结构中包含有较大量的创造性劳动、特色劳动的剩余价值总量，因而大于企业一般性劳动创造的剩余

① 中共中央马克思恩格斯列宁斯大林著作编译局．马克思恩格斯全集（第四十七卷）［M］．北京：人民出版社，1979：257.

② 意指不再是“凡是资本获得利润（剩余价值）都是剥削”，也不是在任何情况下都要从未来高级社会的视角出发来观察分析问题。

价值量，并进行合理的分配，不侵害劳动者的利益（即基本上不占有一般性剩余劳动），利润主要用于发展生产和实现科技进步，就不叫剥削。简言之，企业利润的来源主要是依靠科学技术进步、创新与创造，提高劳动生产率与突出产品特色，即依靠企业发展实体经济的努力与奋斗得到的，这是资本获取利润的“正道”，不是靠地租、金融产品等形式的“租金”获得的，如果同时给职工以合理的报酬（且利润主要用于发展生产和实现科技进步），就不能视为剥削。反之，仍然可能产生剥削。例如，企业是低技术、劳动密集型、劳动条件差且经常进行超时、超强度劳动的行业，利润主要来源于工人的一般性劳动的剩余价值，剥削仍然可能存在。此外，即使企业生产的是创造性劳动产品，例如名牌服装，但由于实现价值的市场价格竞争十分激烈，企业将价格压得很低，实现的利润中已经包含有相当部分工人的一般剩余劳动价值，那么仍然有剥削行为。

关于实现的总剩余价值是怎样在创造价值的劳动（者）与投入的生产要素（所有者）之间进行分配的，我们仅指出：劳动者是通过资本家（或企业）对一般性劳动力的价值、复杂性劳动力的价值、创造性劳动主体的劳动价值的购买价格参与分配的（劳动者如果持有企业股票，还可以通过后期“分红”获得报酬）。生产要素（投入品）也是通过资本家（或企业）的购买价格参与分配的。而资本所有者是通过剩余索取权获得利润与参与分配的。本书就不再深入论述了。